"十四五"高等教育精品教材

U0497859

财务共享应用实验教程
——基于金蝶EAS平台

▶ 主　编◎陶月英

▶ 副主编◎张　艳　谢　建　雷凯锋

▶ 参　编◎游宏宇

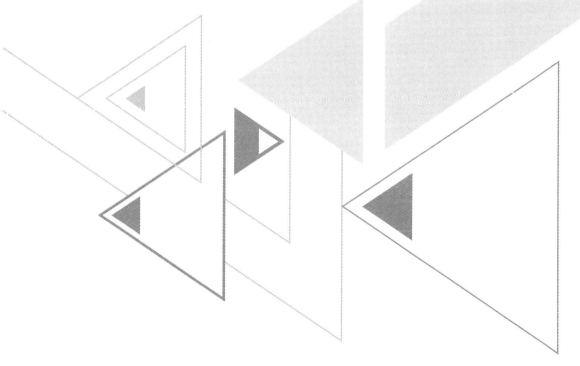

西南财经大学出版社

中国·成都

图书在版编目(CIP)数据

财务共享应用实验教程:基于金蝶 EAS 平台/陶月英主编;张艳,谢建,雷凯锋副主编.—成都:西南财经大学出版社,2024.2
ISBN 978-7-5504-6119-2

Ⅰ.①财…　Ⅱ.①陶…②张…③谢…④雷…　Ⅲ.①企业管理—财务管理系统—教材　Ⅳ.①F275-39

中国国家版本馆 CIP 数据核字(2024)第 042012 号

财务共享应用实验教程——基于金蝶 EAS 平台
CAIWU GONGXIANG YINGYONG SHIYAN JIAOCHENG——JIYU JINDIE EAS PINGTAI

主　编　陶月英
副主编　张　艳　谢　建　雷凯锋

策划编辑:冯　雪　李邓超
责任编辑:冯　雪
责任校对:金欣蕾
封面设计:墨创文化
责任印制:朱曼丽

出版发行	西南财经大学出版社(四川省成都市光华村街 55 号)
网　　址	http://cbs.swufe.edu.cn
电子邮件	bookcj@swufe.edu.cn
邮政编码	610074
电　　话	028-87353785
照　　排	四川胜翔数码印务设计有限公司
印　　刷	郫县犀浦印刷厂
成品尺寸	185mm×260mm
印　　张	21.125
字　　数	508 千字
版　　次	2024 年 2 月第 1 版
印　　次	2024 年 2 月第 1 次印刷
印　　数	1—2000 册
书　　号	ISBN 978-7-5504-6119-2
定　　价	49.80 元

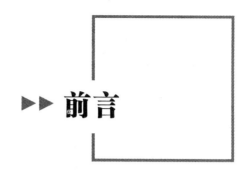

▶▶ 前言

党的二十大报告指出，以高质量发展为目标是新时代我国经济发展的必由之路，深入推进改革，增加创新驱动力、加快转型升级，促进新技术、新业态、新模式等是推进高质量发展的关键。财务共享服务作为一种新模式，通过将集团企业的财务工作进行流程再造、技术资源整合，以提高管理效率、压缩成本、提升服务水平，以一种新型的管理方式给企业带来巨大的转变，是依托信息技术，以财务业务流程处理为基础，以优化组织结构、规范流程、提升流程效率、降低运营成本或创造价值为目的，以市场视角为内外部客户提供专业化生产服务的分布式管理模式。

《财务共享应用实验教程——基于金蝶EAS平台》这本教材是为提高财务共享中心工作效率，依据应用型财务人才培养目标，以国家和社会需求为导向，为财会类专业学生开设财务共享实验课而编写的新商科特色教材。本教材以金蝶EAS财务共享服务平台为基础，结合企业案例，完成了企业财务共享中心组织从初始搭建到建立完成并实现共享业务的完整过程，内容包括了应收共享、应付共享、费用共享、固定资产共享、出纳总账报表共享等五个模块的财务共享业务处理流程，通过本教材的学习，学生能更加完整真实地学习企业财务共享服务中心从搭建到实现业务处理的过程，能更透彻地理解财务共享的理念和实操技能。

本教材内容简洁，结构紧凑，思路清晰，而且增加了简要业务流程实训模块，该模块可以脱离组织架构的搭建直接进行共享任务的练习，既可作为短课时量的共享业务练习，也可以作为期末的业务操作考核，不仅具有很强的实操性和真实性，也能有效地减轻老师的教学工作量；不仅适用于课时量安排较多的高校，也适用于课时量安排较少的高校。

本教材由陶月英、张艳、谢建、雷凯锋和游宏宇撰写完成，经陶月英、张艳、谢建和雷凯锋审核，最后由陶月英总纂定稿。

诚然，本教材在编写过程中难免存在不足和疏漏之处，恳请各位读者指正，编者将认真修改，为本教材的完善持续努力。

陶月英

2023 年 12 月

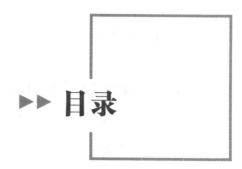

▶▶ 目录

第三篇　财务共享实践篇

第四篇　简要业务流程实验篇

第一篇
财务共享概述篇

第一章

财务共享概述

一、财务共享服务的概念

（一）国外企业和学者的认识

财务共享服务源于共享服务的理念，最早由 Robert Gunn 等人在 1993 年提出。他们认为，共享的核心就是提供服务时能共享组织的成员和技术等资源，从而使公司从分散的管理中取得竞争优势的一种新的管理理念。作为共享服务研究的主要奠基人，Barbara E. Quinn 在 *Shared Services：Mining for Corporate Gold* 一书中提道：共享服务是一项商业经营，其理念是"以顾客为中心+服务收费=商业"，这一理念准确地概括了共享服务的核心思想。哈佛教授 Bergeron Bryan 在《共享服务精要》中指出，共享服务作为一种创新理念和一个协助企业成长的平台，所涵盖的内容往往从最常见的财务服务领域延伸至信息技术、人力资源和采购等领域。在今天复杂的商业环境中，即使你没有直接使用共享服务，但也可能正在服务于某个运用这种模式的公司或正在享受运用这种模式的公司所提供的服务。

从国外共享服务的研究发展看，在 1993 年之后的几年中，已经逐步明确了共享服务是作为一个独立的组织实体，通过整合或合并公司各项业务并进行重新集中配置，为公司业务单元提供服务，依据正式或非正式的契约即服务水平协议收取费用的服务活动。

（二）基于国内实践的认识

我国学者关于共享服务的专门研究并不多见，主要成果集中在财务领域，并且起步较晚。其中比较有代表性的观点有以下几种：

张瑞君和陈虎等[1]认为：共享服务是跨国企业集团的一种新的管理模式，这种模式可以显著降低集团日常事务的处理成本，提高效率，并支持企业集团战略有效执行，因此共享服务模式得到了理论界和实务界的广泛关注。财务共享服务是在财务组织深度变革的基础上建立的管理模式。企业组织将独立核算的财务组织进行剥离或依托法人单位的财务组织，使得分支公司的财务组织合并划归到共享服务中心，由共享财务

---

[1] 张瑞君，陈虎，胡耀光，等. 财务共享服务模式研究及实践［J］. 管理案例研究与评论，2008（6）：9.

服务中心承担全集团成员单位简单的、重复的、共同的、标准化的业务，从而实现财务集中管理和核算。

陈虎、董皓[1]指出：财务共享服务是通过一个或多个地点对人员、技术和流程的有效整合，实现公司内各流程标准化和精简化的一种创新手段。

张敏[2]（2018）指出：财务共享服务是以信息技术发展为依托，以财务业务流程处理为基础，以优化组织结构、规范流程、提升流程效率、降低运营成本或创造价值为目的，以市场视角为内外部客户提供专业化生产服务的分布式创新管理模式。

综合共享服务的基本理念及国内学者对财务共享服务概念的论述，本书认为，财务共享服务是指将企业集团大量重复的且易于实现标准化、流程化的会计核算从分散的业务部门抽出，集中到一个新的独立运营的业务单元（财务共享服务中心）进行流程再造、标准化、集中处理，以达到提升业务处理效率，进而降低成本、加强管控、提升客户满意度、创造价值的目的，最终提升集团整体财务管理水平的一种作业管理模式。

二、财务共享中心发展的必然性

（一）信息技术的发展

财务共享服务中心要建立强大的网络系统，就需要有强大的企业信息系统作为IT平台，只有利用现代的IT技术，才能使企业集团的财务共享服务真正落到实处。当前，我国正处于"互联网+"和"大数据"的变革时代，如此，会计集中核算平台升级为财务共享服务中心就有了技术基础，而当前电子发票制度的实施更为财务共享服务中心的落地创造了可能。

（二）国家政策要求

2011年，国务院国有资产监督管理委员会（简称"国资委"）在《关于加强中央企业财务信息化工作的通知》对中央企业提出了建立财务共享中心的要求。2013年12月6日，财政部印发《企业会计信息化工作规范》。其中，第三十四条规定"分公司、子公司数量多、分布广的大型企业、企业集团应当探索利用信息技术促进会计工作的集中，逐步建立财务共享服务中心"。这为我国大型企业集团建立和实施财务共享服务提供了重要的政策依据。财政部在2014年印发的《关于全面推进管理会计体系建设的指导意见》中，要求企业推进面向管理会计的信息系统建设，提出"鼓励大型企业和企业集团充分利用专业化分工和信息技术优势，建立财务共享服务中心，加快会计职能从重核算到重管理决策的拓展，促进管理会计工作的有效开展"。

（三）企业发展实践的需求

20世纪80年代初，美国的福特公司最先实施了共享服务模式，在欧洲建立了第一个财务共享中心，经过几十年的发展，这个财务共享中心已经被广泛应用于企业运营管理。在我国，财务共享中心的起步比较晚，中兴通讯是第一家成立共享服务中心的企业。随后，虽然太平洋保险、苏宁电器、辉瑞药业、中国电信、华为、物美集团、金蝶集团、中国平安、中国电信等也先后建立了财务共享中心，但是，对国内大多数

① 张瑞君，强永翼. 构建财务共享服务模式的策略 [J]. 财务与会计，2008（7）：2.
② 张敏. 中兴通讯财务共享模式研究 [J]. 财会通讯，2018（2）：4.

企业来说，共享服务中心依然是新生事物。财务共享服务中心的发展历程如图 1-1 所示。

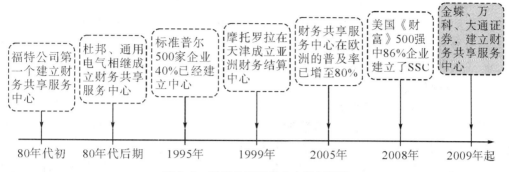

图 1-1　财务共享服务中心发展历程

从宏观角度来看，我国经历了快速发展的 30 年，未来依靠内涵式发展实现经济结构调整将成为主流。从微观角度来看，我国企业集团也普遍从依靠跑马圈地式发展的初创期走向了拼成本的成熟期。企业规模的不断扩张和分支机构的快速增加会给企业集团的发展带来很多问题。首先，成本会不断增加。假如企业每设立一个分子公司都建立一套财务部，那么公司的运营成本将会居高不下，这对公司未来的发展必然造成影响。其次，增加的分子公司加大了集团管控的难度。如果位于不同地方的分子公司都各自为政，没有统一的标准及规范去协调，那么集团公司将很难实现统一规范与监管，从而影响企业规模扩张的潜力。再次，经营风险和财务风险不断增加。如果一个分子公司出现了问题，那可能会牵涉到其他分支机构，产生连锁反应，使集团的发展扩张进一步受到制约。最后，提供的财务信息质量有限。企业需要去寻找新的组织结构和运作方式以适应快速发展的企业模式，而财务部作为企业重要的支撑部门，更加应该主动去应对这种转变，持续地增强和深化企业的会计核算以及监督控制作用。

在这样的背景下，财务共享服务模式应运而生，它将分散的经营职能集中到一个新的半自主的业务单元，这个业务单元就像公开在市场竞争中的企业一样，设有专门的管理机构，以实现节约成本、提高效率和服务质量、创造价值的目的。财务共享服务模式已逐渐成为愈来愈多大公司的选择。

三、财务共享中心的价值

财务共享中心的建立对企业集团具有重要的实践意义。尤其是随着我国共建"一带一路"倡议的实施，越来越多的企业集团走出国门，它们的经营结构和业务范围日益复杂，其财务管理的水平直接影响企业战略目标的实现。财务共享中心可以将企业集团大量重复、易于实现标准化、流程化的会计核算，进行流程再造、标准化、集中处理，从而提高会计核算的效率，创造更大的价值。

（一）管理价值

1. 支撑公司战略

传统企业在决定业务扩张时，都需要建立业务支持部门来辅助新增业务，从而使企业产生巨大的人力资源成本，同时，招聘和培养周期的不确定性又会成为阻碍扩张的绊脚石。但是，当企业集团拥有自己的财务共享服务时，就可以在每次扩展新业务时都有经验丰富的专业支持人员在后方提供强有力的配套服务，并根据以往进入新领域的经验提出更有针对性的建议，也就没有必要重新招聘、抽调人员来组建没经过磨合适应的团队，那些重建团队的磨合时间、投入的成本都可以用来开拓市场组织扩张。例如，在 2010 年至 2011 年这两年间，金蝶公司在我国快速发展了 30 多家分子公司，基本财务服务通过财务共享服务中心延伸到业务一线，办理业务时，业务人员不用再担心资金问题、费用问题等，只需轻松地面对市场，做好业务即可，从而有效保证和支持了公司战略的执行。

2. 加强集团整体管控力度

财务共享通过先服务后管控和融服务于管控的方式，再结合即时的数据收集与整理、定期的报告与反馈，变事后检查与稽核为事前参与和事中控制，加强了对下属机构的管控力度，降低了企业在规模扩张和经营中存在的风险，为集团战略方针的执行提供有效保障。

3. 促进财务人员由"账房先生"向"军师参谋"转型

共享财务将分子公司财务人员从日常业务中解放了出来，他们则有更多精力参与分子公司的经营活动。例如，财务人员可参与项目损益管理、最小责任单位利润管理等，成为财务中最懂业务、业务中懂财务的人。同时，由于他们参与了业务的全生命周期管理，而成为可信赖的财务伙伴，对公司业务的发展必将产生积极作用。

4. 统一标准及规章制度

在传统企业管理的方式下，企业集团中不同地区的财务部门和支持部门的工作方式是有差异的，各项规章制度和工作习惯是互不相同的。因此，企业建立财务共享服务系统必然要先统一企业集团分、子公司的规章制度，统一各种数据的录入及处理流程，统一各项工作开展时的审批标准，从而实现集中化处理服务。这些工作可以使企业集团减少各分、子公司的执行偏差，统一服务标准，保证工作高品质、高效率、高强度地完成。通过建立财务共享服务，企业集团能够实现内部资金管理统一、资金监管统一、会计核算统一。

（二）效率价值

企业建立财务共享中心可以提高财务办事效率和财务服务满意度。财务共享服务以其标准化、专业化的服务向内、外部用户提供高品质、高效率的财务业务核算及决策资讯等。企业经过流程改造和组织架构调整，企业集团下辖的所有分、子公司业务都统一在服务中心作业，不仅达到了规模效益，还把业务处理拆解得更加详细，并分配专业人才负责，使服务品质和效率得到大幅提升。例如，金蝶的费用报销周期，从过去的 7~14 天缩短至 3 天，员工对财务服务满意度也由以前的 60% 左右提升到 80% 以上。

（三）成本价值

1. 降低人工成本

实行财务共享服务之前，各个分、子公司都需要配备建制完整的会计人员，然后配置对应的业务支持人员，从而导致各个岗位的设置重复且分散。当财务共享服务建立后，各分、子公司中的财务、支持人员得到整合，只需要较少人力资源投入就能对该管辖区内的所有业务进行集中处理，从而在降低人工成本的同时获得规模效益。例如，金蝶公司建成财务共享中心之前，公司总部和分子公司的财务人员接近 300 人，现在只有 180 人左右，每年节约人工费用 2 000 多万元。

2. 降低运营成本

当企业集团建立财务共享服务后，可通过对业务流程的进一步细致整合，将与之配套的支持服务也进行相应的流程再造和作业分工，使得企业集团内部分工更加细化，内部组织管理方式得到优化，重复的工作流程会被简化，企业业务处理的标准化流程也将被建立，员工的绩效考核标准将被重新定义，成本费用的管理将会更具有可预见性。

第二章

金蝶 EAS 简介

一、金蝶 EAS 财务共享发展历程

财务共享的发展经历了 EAS 财务共享 1.0 会计核算中心、EAS 财务共享 2.0 流程管控中心、EAS 财务共享 3.0 数据服务中心三个阶段。财务共享发展阶段如图 2-1 所示。

EAS 财务共享1.0		EAS 财务共享2.0	EAS 财务共享3.0
EAS V7.0	EAS V7.5	EAS V8.0	EAS V8.2
初始发布时间：2008.06	初始发布时间：2012.10	初始发布时间：2014.12	初始发布时间：2016.06
版本说明：费用共享	版本说明：全面共享	版本说明：全面共享、智能共享、精益共享	版本说明：全球共享、智能共享、数据共享
发布模块：费用共享 影像管理 共享任务池	发布模块：应收共享 应付共享 资产共享 出纳共享 银企共享 总账共享 报表共享 共享绩效报表	发布模块：智能审单 智能记账 智能收付 智能报表 智能合并 共享质量管理 共享信用管理 共享计费管理 共享异构接入平台	发布模块：全球共享中心 全球资金结算 智能税务 智能核算（全流程） 电子化（电子发票、电子回单、电子凭证、电子档案） 数据轻分析平台
典型客户：金蝶 大通证券	典型客户：合生创展 广西路桥	典型客户：万科、中车株机 阳狮集团	典型客户：招商局、中石油勘探 蒙牛集团

图 2-1　财务共享中心发展的三个阶段

其中，EAS 财务共享 1.0 是会计核算中心，主要关注会计核算和财务报告的制定。EAS 财务共享 2.0 是流程管控中心，主要关注流程优化和风险控制。EAS 财务共享 3.0 是数据服务中心，主要关注提供决策支持和有效的财务中心。

金蝶 EAS 财务共享版本也从 EAS V7.0、EAS V7.5、EAS V8.0 发展到 EAS V8.2，科技的推动和需求的驱使，使得共享范围逐渐扩大，共享模块逐渐增多。从 2008 年金蝶开始建立财务共享，到 2016 EAS V8.2 版本的发布，再到现阶段的逐步完善与成熟，使用的客户遍布地产与建筑、制造业、零售与流通、服务业、互联网与教育、综合集

团等行业。金蝶十年的坚持，获得了越来越多客户的青睐。

二、金蝶 EAS 系统功能

金蝶 EAS 系统功能如图 2-2 所示。

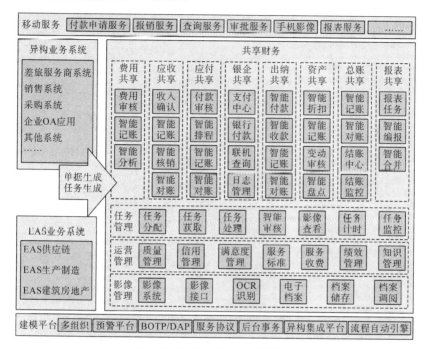

图 2-2　财务共享中心功能模块

第二篇
财务共享组织搭建篇

第三章

实践企业背景资料

本教材模拟一家制造企业——环球日化集团的财务管理系统从上线实施到财务共享服务实践的全过程。

环球日化集团创始于 1993 年，是中国日用消费品公司的巨头之一。公司性质为股份制。公司总部位于中国广东省深圳市，全国员工近 80 000 人。环球日化在日用化学品市场上知名度相当高，在业界以卓越管理、科学创新、体贴服务和优良业绩著称，其产品包括洗发、护发、护肤用品、化妆品、婴儿护理产品、妇女卫生用品、织物、家居护理、个人清洁用品等。

随着 IT 技术的快速发展，环球日化集团面临的竞争日趋激烈。在这种形势下，企业管理必须有所改变，不仅从部门管理到企业级协同管理转变，财务工作的思路也应当与时俱进。环球日化集团决定采用统一的 ERP 系统来管理企业的财务业务数据。经考察、评估后，集团于 2016 年购买了金蝶 EAS 系统，并准备于 2017 年 1 月正式启用。

按照软件供应商的要求，上线前要先行整理集团的一些资料，如组织架构、人员等。环球日化集团下设环球日化集团本部、环球洗涤用品深圳有限公司和环球日化深圳销售有限公司三个法人组织。环球日化集团本部负责处理集团所有相关业务，下设集团总经办和日化研发中心两个部门；环球洗涤用品深圳有限公司主要负责原材料采购和产品生产，下设采购部、生产部、计划部；环球日化深圳销售有限公司作为公司主要的直销渠道，负责销售业务，下设营销中心、人事部、行政部。

随着环球日化集团的高速成长，如何降低财务成本和规避财务风险成为企业集团关注的重要问题。根据世界 500 强企业的成功经验，财务共享服务中心的构建可以帮助企业提高财务运作效率，降低财务成本，优化、细化财务流程，实时监控分子公司的财务状况和经营成本，最终支持企业集团扩张战略的实现。因此，环球日化集团在学习世界 500 强企业先进管理理论和经验的基础上，决定于 2019 年开启财务共享服务模式。

第四章

集团初始资料引入

一、建立集团

实验一：搭建组织

（一）应用场景

为了处理环球日化集团和各个下属公司的业务，需要在系统先进行管理单元和组织单元的搭建，使用 administrator 登录金蝶 EAS，在环球集团下创建环球日化集团，并新建自己集团的管理员用户。

（二）实验步骤

1. 新建管理单元；

2. 维护超级管理员组织范围；

3. 维护管理单元属性；

4. 新建管理员；

5. 新建组织单元。

（三）实验前准备

使用教师提供的数据中心。

（四）实验数据

本实验过程中所需信息见表 4-1 至表 4-6。

表 4-1　管理单元信息

管理单元编码	管理单元名称
h01. 学号	环球日化集团+姓名

表 4-2　管理员信息

用户账号	用户实名	所属管理单元	缺省组织	用户类型
学生姓名首字母拼音缩写+学号后四位	学生姓名	环球日化集团+姓名	环球日化集团+姓名	系统用户

表 4-3　环球日化集团组织单元信息

账户信息	组织名称	相关信息
选中环球集团新建 环球日化集团 编码：h01. 学号 名称：环球日化集团+姓名	行政组织	上级行政组织：环球集团 组织层次类型：集团 独立核算：勾选
	财务组织	上级财务组织：环球集团 基本核算汇率表：基本核算汇率表 会计期间类型：大陆会计期间类型 本位币：人民币
	采购组织	上级采购组织：环球集团
	销售组织	上级销售组织：环球集团
	库存组织	上级库存组织：环球集团
	成本中心	上级成本中心：环球集团
	利润中心	上级利润中心：环球集团

表 4-4　环球日化集团本部组织单元信息

账户信息	组织名称	相关信息
选中环球日化集团新建 环球日化集团本部 编码：h0101. 学号 名称：环球日化集团本部+姓名	行政组织	上级行政组织：环球日化集团+姓名 组织层次类型：公司 独立核算：勾选
	财务组织	财务实体组织：勾选 上级财务组织：环球日化集团+姓名 基本核算汇率表：基本核算汇率表 会计期间类型：大陆会计期间类型 本位币：人民币
	成本中心	上级成本中心：环球日化集团+姓名
	利润中心	上级利润中心：环球日化集团+姓名
选中环球日化集团本部新建 集团总经办 编码：h0101.01. 学号 名称：集团总经办+姓名	行政组织	上级行政组织：环球日化集团本部+姓名 组织层次类型：部门 记账委托财务组织：环球日化集团本部+姓名
	成本中心	上级成本中心：环球日化集团本部+姓名 成本中心实体组织：勾选
选中环球日化集团本部新建 日化研发中心 编码：h0101.02. 学号 名称：日化研发中心+姓名	行政组织	上级行政组织：环球日化集团本部+姓名 组织层次类型：部门 记账委托财务组织：环球日化集团本部+姓名
	成本中心	上级成本中心：环球日化集团本部+姓名 成本中心实体组织：勾选

表 4-5　环球日化深圳销售有限公司组织单元信息

账户信息	组织名称	相关信息
选中环球日化集团新建 环球日化深圳销售有限公司 编码：h0102. 学号 名称：环球日化深圳销售有限公司+姓名	行政组织	上级行政组织：环球日化集团+姓名 组织层次类型：公司 独立核算：勾选
	财务组织	财务实体组织：勾选 上级财务组织：环球日化集团+姓名 基本核算汇率表：基本核算汇率表 跨级期间类型：大陆会计期间类型 本位币：人民币
	采购组织	上级采购组织：环球日化集团+姓名
	销售组织	上级销售组织：环球日化集团+姓名
	库存组织	上级库存组织：环球日化集团+姓名
	成本中心	上级成本中心：环球日化集团+姓名
	利润中心	上级利润中心：环球日化集团+姓名
选中环球日化深圳销售有限公司新建 营销中心 编码：h0102.01. 学号 名称：营销中心+姓名	行政组织	上级行政组织：环球日化深圳销售有限公司+姓名 组织层次类型：部门 记账委托财务组织：环球日化深圳销售 有限公司+姓名
	销售组织	销售实体组织：勾选 上级销售组织：环球日化深圳销售有限公司+姓名 记账委托财务组织：环球日化深圳销售 有限公司+姓名
	成本中心	上级成本中心：环球日化深圳销售有限公司+姓名 成本中心实体组织：勾选
	利润中心	上级利润中心：环球日化深圳销售有限公司+姓名
选中环球日化深圳销售有限公司新建 人事部 编码：h0102.02. 学号 名称：人事部+姓名	行政组织	上级行政组织：环球日化深圳销售有限公司+姓名 组织层次类型：部门 记账委托财务组织：环球日化深圳销售 有限公司+姓名
	成本中心	上级成本中心：环球日化深圳销售有限公司+姓名 成本中心实体组织：勾选
选中环球日化深圳销售有限公司新建 行政部 编码：h0102.03. 学号 名称：行政部+姓名	行政组织	上级行政组织：环球日化深圳销售有限公司+姓名 组织层次类型：部门 记账委托财务组织：环球日化深圳销售 有限公司+姓名
	成本中心	上级成本中心：环球日化深圳销售有限公司+姓名 成本中心实体组织：勾选

表4-6 环球洗涤用品深圳有限公司组织单元信息

账户信息	组织名称	相关信息
选中环球日化集团新建 环球洗涤用品深圳有限公司 编码：h0103. 学号 名称：环球洗涤用品深圳有限 公司+姓名	行政组织	上级行政组织：环球日化集团+姓名 组织层次类型：公司 独立核算：勾选
	财务组织	财务实体组织：勾选 上级财务组织：环球日化集团+姓名 基本核算汇率表：基本核算汇率表 跨级期间类型：大陆会计期间类型 本位币：人民币
	采购组织	上级采购组织：环球日化集团+姓名
	销售组织	上级销售组织：环球日化集团+姓名
	库存组织	上级库存组织：环球日化集团+姓名
	成本中心	上级成本中心：环球日化集团+姓名
	利润中心	上级利润中心：环球日化集团+姓名
选中环球洗涤用品深圳有限 公司新建 采购部 编码：h0103. 01. 学号 名称：采购部+姓名	行政组织	上级行政组织：环球洗涤用品深圳有限公司+姓名 组织层次类型：部门 记账委托财务组织：环球洗涤用品深圳 有限公司+姓名
	采购组织	采购实体组织：勾选 上级采购组织：环球洗涤用品深圳有限公司+姓名
	成本中心	上级成本中心：环球洗涤用品深圳有限公司+姓名 成本中心实体组织：勾选
选中环球洗涤用品深圳有限 公司新建 生产部 编码：h0103. 02. 学号 名称：生产部+姓名	行政组织	上级行政组织：环球洗涤用品深圳有限公司+姓名 组织层次类型：部门 记账委托财务组织：环球洗涤用品深圳 有限公司+姓名
	库存组织	上级库存组织：环球洗涤用品深圳有限公司+姓名 库存实体组织：勾选
	成本中心	上级成本中心：环球洗涤用品深圳有限公司+姓名 成本中心实体组织：勾选
选中环球洗涤用品深圳有限 公司新建 计划部 编码：h0103. 03. 学号 名称：计划部+姓名	行政组织	上级行政组织：环球洗涤用品深圳有限公司+姓名 组织层次类型：部门 记账委托财务组织：环球洗涤用品深圳 有限公司+姓名
	成本中心	上级成本中心：环球洗涤用品深圳有限公司+姓名 成本中心实体组织：勾选

（五）操作指导

1. 新建管理单元

双击安装后生成的桌面快捷图标"金蝶 EAS 客户端"，打开 EAS 登录界面。如图 4-1 所示，切换语言至简体中文，选择数据中心（由教师提供，实训平台练习任务也可在此处查看），用户名：administrator，默认密码：kdadmin，单击【登录】，即可进入 EAS 系统管理界面。本案例以学号为 2001、姓名为花花的学生进行操作。练习时请各位同学替换图片中的学号和姓名。

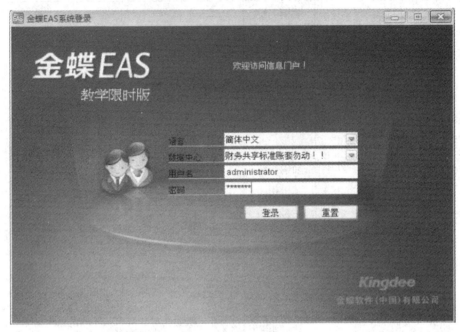

图 4-1　EAS 系统登录

如图 4-2 所示，点击【应用中心】—【企业建模】—【组织架构】—【管理单元】—【管理单元】进入管理单元查询界面。

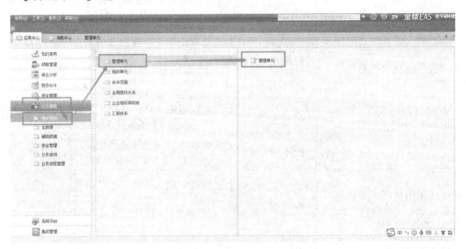

图 4-2　管理单元查询

如图 4-3 所示，选择环球集团，点击【新增】按钮，打开管理单元新增页面。根据实验数据新建环球日化集团，管理单元编码为 h01. 学号，管理单元名称为环球日化集团+姓名，点击【保存】。

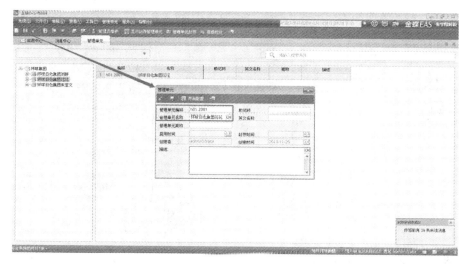

图 4-3　管理单元新增

2. 维护超级管理员组织范围

必须在超级管理员 administrator 维护新建的管理单元的组织范围后，该管理单元的建立才能生效。如图 4-4 所示，依次点击【企业建模】—【安全管理】—【权限管理】—【用户管理】，进入用户管理界面，选择用户 administrator，点击【维护组织范围】，进入组织范围维护界面。

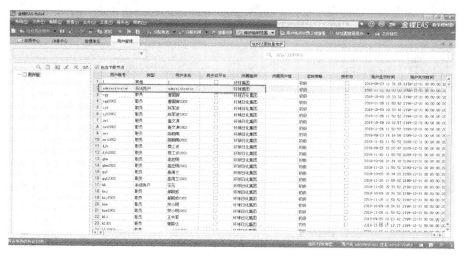

图 4-4　组织范围维护查询

如图 4-5 所示，点击【增加组织】，添加管理单元范围。在【组织单元维护—管理单元】界面中，选择环球日化集团+姓名（姓名=学生姓名）的组织，双击或者点击【加入】，即可将其添加到下方的已选列表中。

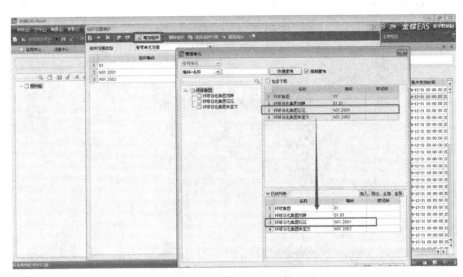

图 4-5　组织范围维护

3. 维护管理单元属性

由超级管理员 administrator 维护下属集团管理单元的组织属性。如图 4-6 所示，依次点击【企业建模】—【组织架构】—【组织单元】—【组织单元】，进入组织单元查询界面。

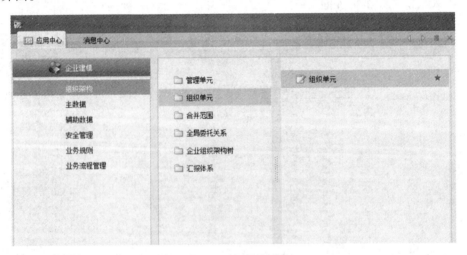

图 4-6　组织单元查询

点击管理单元右边的环球集团放大镜，切换管理单元为新建的环球日化集团+姓名，点击【修改】（如图 4-7 所示）。按照实验数据表环球日化集团组织单元信息，维护管理单元环球日化集团+姓名的组织属性。

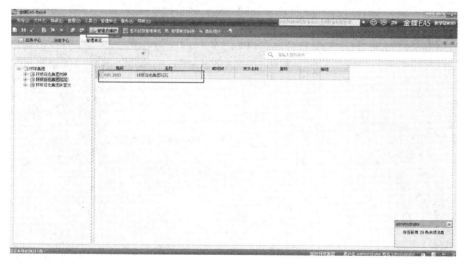

图 4-7　组织属性维护

4. 维护管理员

超级管理员可以为每个管理单元创建不同的管理员。管理员的职责为用户维护、权限管理、用户监控等管理工作。如图4-8所示，依次点击【企业建模】—【组织架构】—【管理单元】—【管理单元】，进入管理单元查询界面。

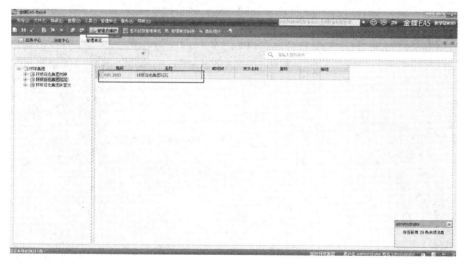

图 4-8　管理单元查询

选择新创建的管理单元环球日化集团+姓名，点击【管理员维护】。根据实验数据为集团创建管理员，如图4-9所示，用户账号为学生姓名首字母拼音缩写，用户类型为系统用户，所属管理单元为环球日化集团+姓名，用户实名为学生姓名，缺省组织新增时默认为所属管理单元，其他默认，点击【保存】。

图 4-9　管理员维护

5. 新建组织单元

管理单元搭建完成后，开始搭建组织单元，从上往下一层层搭建组织机构，组织机构将作为后续业务的重要基础。如图4-10所示，点击桌面的"金蝶 EAS 客户端"，使用新建的管理员账号，即学生姓名首字母拼音缩写+学号登录，密码默认为空，进入新建的管理单元环球日化集团+姓名。

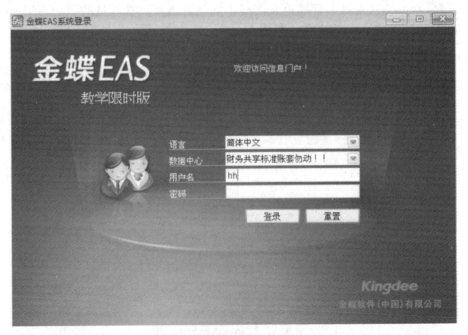

图 4-10　进入新建的管理单元

依次点击【应用中心】—【企业建模】—【组织架构】—【组织单元】—【组织单元】，进入组织单元列表。按照实验数据表环球日化集团本部组织单元信息、环球日化深圳销售有限公司组织单元信息、环球洗涤用品深圳有限公司组织单元信息，新建环球日化集团+姓名下的其他组织单元，并维护组织属性。

组织单元支持按照组织类型引入，从实训平台下载教学资源，替换文件内学号和姓名后从组织单元界面引入，引入时，注意要选择正确的组织类型和文件执行引入。

引入顺序：先引入组织单元，再引入其他类型组织；先引入成本中心，再引入利润中心，如图 4-11 所示。

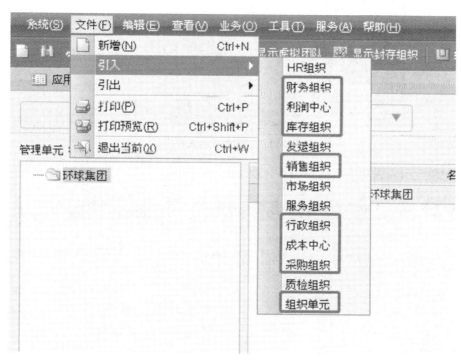

图 4-11 组织属性引入界面

引入界面介绍（如图 4-12 所示）：

页签：显示引入的文件类型。

数据出错处理：出现错误立即停止，即从引入文件的第一行开始引入，出现错误即停止，但是不会撤回已经引入的数据；跳过错误执行完毕才停止，即发现有数据无法引入时跳过错误，引入下一行数据，直至全部数据执行完毕。

引入方式：新增引入，可直接新增；更新引入，即更新已经导入的数据，新增未导入的数据。

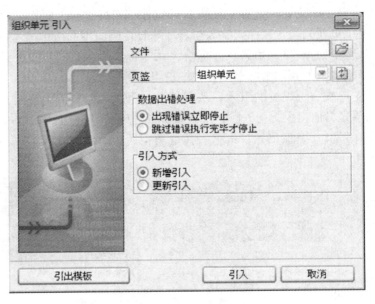

图4-12 组织单元引入界面

组织单元引入成功后页面如图4-13所示。

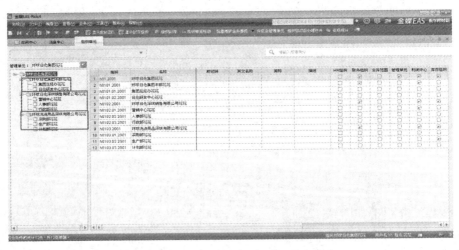

图4-13 组织单元引入成功后界面

实验二：新建职员

（一）应用场景

王中军在环球日化集团任董事长职位，管理员（学生姓名缩写）将该信息维护到金蝶EAS系统。

（二）实验步骤

1. 新建职位；

2. 新建职员；

3. 新建用户；

4. 新建角色；

5. 分配角色。

（三）实验前准备

新建实验一的组织架构。

（四）实验数据：

本实验过程中所需信息见表 4-7 至表 4-10。

表 4-7　职位信息

职位编码	职位名称	行政组织
h001. 学号	董事长+学号	环球日化集团+姓名

表 4-8　职员信息

人员编码	人员名称	所属部门	所属职位
wzj+学号	王中军+学号	环球日化集团+姓名	董事长

表 4-9　用户信息

用户账号	用户类型	用户实名	所属管理单元	所属角色
wzj+学号	职员	王中军+学号	环球日化集团+姓名	全功能角色+学号

表 4-10　角色信息

角色编码	角色名称	所属权限
h001. 学号	全功能角色+学号	所有权限

（五）操作指导：

1. 新建职位

维护完企业的行政组织后，便需要在相应的行政组织上增加职位。有了职位，才可以在职位下设职员。本案例以学号为 2001、姓名为花花的学生进行操作。练习时请各位同学替换图片中的学号和姓名。

管理员（学生姓名缩写）登录金蝶 EAS 客户端后，依次点击【企业建模】—【组织架构】—【汇报体系】—【职位管理】进入职位管理界面（如图 4-14 所示）。

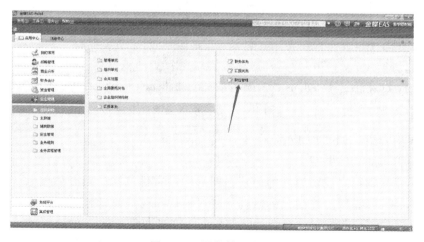

图 4-14　职位管理查询

选择环球日化集团+姓名，点击工具栏【新建】进入职位新增界面。如图 4-15 所示，根据职位信息表填写董事长职位信息，职位编码为 h001. 学号，职位名称为董事长+学号，上级职位为 big boss，行政组织为环球日化集团+姓名，录入完毕后，点击【保存】。

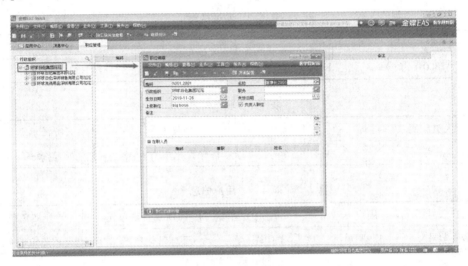

图 4-15　职位新增

如图 4-16 所示，也可使用工具栏【文件】—【导入】功能，批量导入职位。职位需要使用非系统用户引入，不能使用管理员用户引入。

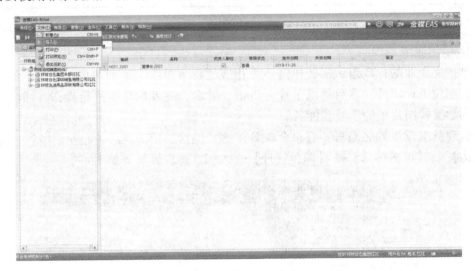

图 4-16　职位引入查询

引入界面介绍（如图 4-17 所示）：

页签：引入的文件类型。

数据出错处理：出现错误立即停止，即从引入文件的第一行开始引入，出现错误即停止，但是不会撤回已经引入的数据；跳过错误执行完毕才停止，即发现有数据无法引入时跳过错误，引入下一行数据，直至全部数据执行完毕。

引入方式：新增引入，可直接新增；更新引入，即更新已经导入的数据，新增未导入的数据。

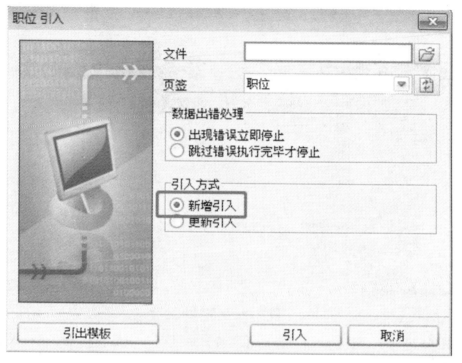

图 4-17　职位引入界面

2. 新建职员

当维护完职位后，便可以对新增的职位增加对应职员。如图 4-18 所示，依次点击
【企业建模】—【辅助数据】—【员工信息】—【员工】进入职员列表。

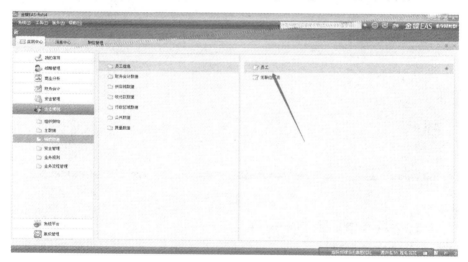

图 4-18　职员列表界面

点击工具栏【新增】进入职员—新增界面。如图 4-19 所示，根据职员信息表，录入职员信息，职员编码为 wzj+学号，职员名称为王中军+学号。录入完成后点击【保存】。

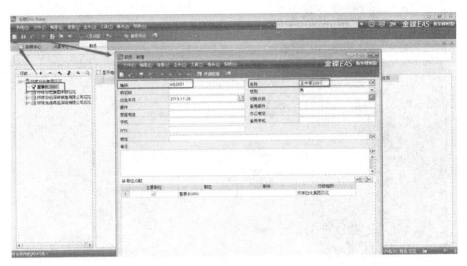

图 4-19　职员新增

如图 4-20 所示，也可使用工具栏【文件】—【引入职员】功能批量引入职员。职员需要使用非系统用户引入，不能使用管理员用户引入。

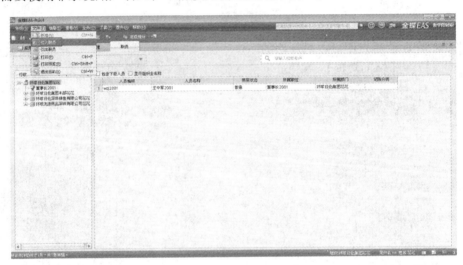

图 4-20　职员引入查询

引入界面介绍（如图 4-21 所示）：

页签：引入的文件类型。

数据出错处理：出现错误立即停止，即从引入文件的第一行开始引入，出现错误即停止，但是不会撤回已经引入的数据；跳过错误执行完毕才停止，即发现有数据无法引入时跳过错误，引入下一行数据，直至全部数据执行完毕。

引入方式：新增引入，可直接新增；更新引入，即更新已经导入的数据，新增未导入的数据。

图 4-21　职员引入界面

3. 新建用户

用户主要为进行系统操作维护而设立，用户通过授予组织范围和功能权限之后，便可登录 EAS 系统。如图 4-22 所示，依次点击【企业建模】—【安全管理】—【权限管理】—【用户管理】进入用户管理界面。

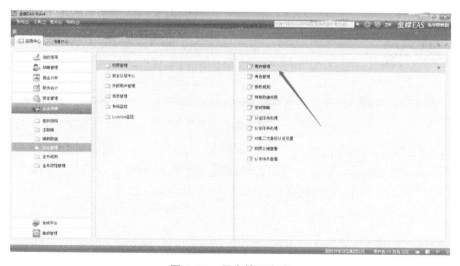

图 4-22　用户管理查询

点击工具栏【新增】进入用户新增页面，根据用户信息表，新增用户。如图 4-23 所示，用户类型为职员，用户实名为王中军+学号，用户账号为 wzj+学号，所属管理单元为环球日化集团+姓名，录入完成后点击【保存】。

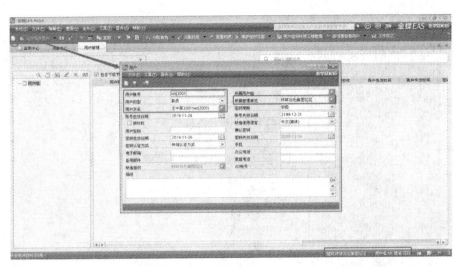

图 4-23　用户新增

如图 4-24 所示，在用户管理界面，点击工具栏【维护组织范围】为该用户添加业务组织。

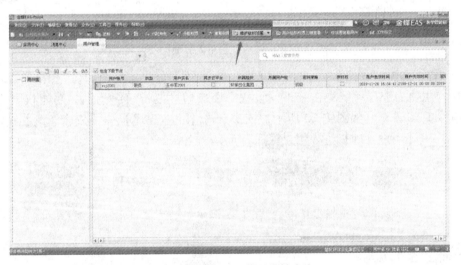

图 4-24　用户组织范围维护查询

在组织范围维护界面，选择组织范围类型为业务组织，点击【增加组织】。如图 4-25所示，在组织单元选择界面，选择环球日化集团+姓名，点击【全加】，将环球日化集团+姓名下所有组织添加到已选列表，再点击【确认】。

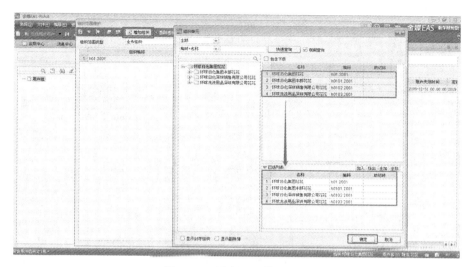

图 4-25　用户组织范围维护

如图 4-26 所示，也可使用工具栏【文件】－【引入】—【用户引入】功能，批量引入用户。

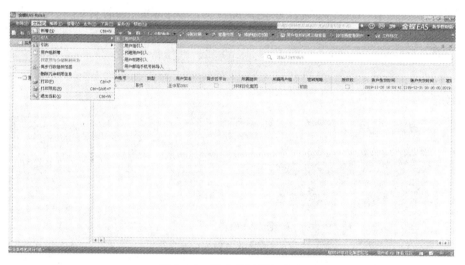

图 4-26　用户批量引入查询

用户导入时，需要注意，修改用户生效日期和密码生效日期的年月日为系统当前日期。若第一次导入，没有导入成功，那么后续引入时，请修改引入方式为【更新引入】（如图 4-27 所示）。

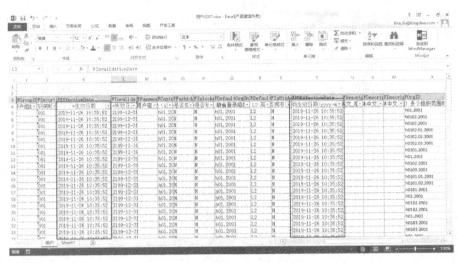

图 4-27　用户导入文件修改

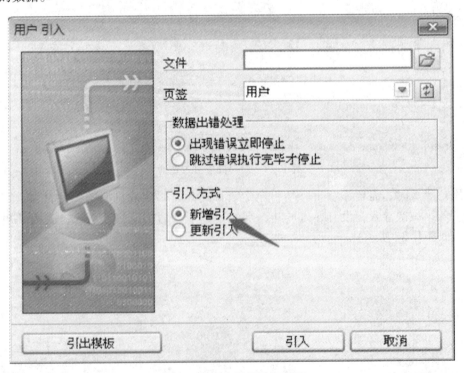

引入界面介绍（如图 4-28 所示）：

页签：引入的文件类型。

数据出错处理：出现错误立即停止，即从引入文件的第一行开始引入，出现错误即停止，但是不会撤回已经引入的数据；跳过错误执行完毕才停止，即发现有数据无法引入时跳过错误，引入下一行数据，直至全部数据执行完毕。

引入方式：新增引入，可直接新增；更新引入，即更新已经导入的数据，新增未导入的数据。

图 4-28　用户批量引入界面

4. 新建角色

角色管理是为系统授权的一个中间环节，也具有批量授权的功能，对用户比较多、角色职责分明的公司特别有帮助。如图4-29所示，依次点击【企业建模】—【安全管理】—【权限管理】—【角色管理】进入角色管理界面。

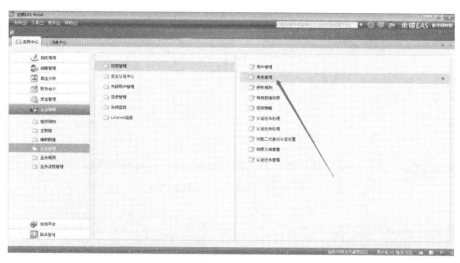

图4-29　角色管理查询

点击工具栏【新增】新增角色。如图4-30所示，根据角色信息表，录入角色名称为全功能角色+学号，编码为h001.学号。录入完成后，点击【保存】。

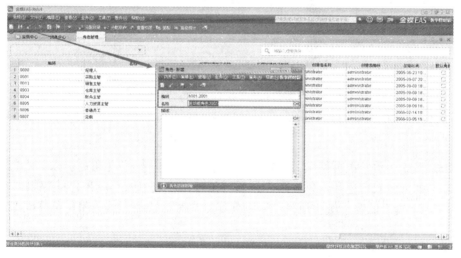

图4-30　角色新增

选择新建的角色全功能角色+学号，如图4-31和图4-32所示，点击工具栏【分配权限】分配所有权限后，点击【保存】。

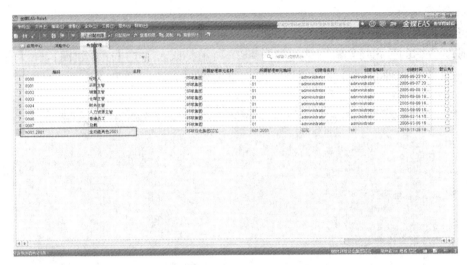

图 4-31　角色分配权限查询

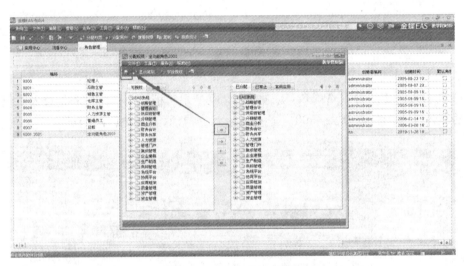

图 4-32　角色分配权限

如图 4-33 所示，也可使用工具栏【文件】—【引入】—【角色引入】/【角色权限引入】，批量引入角色和角色权限。先引入角色，才能引入对应角色的权限。本课程中已经在环球集团设置了所有角色，后续分配用户时，选择环球集团角色分配即可。

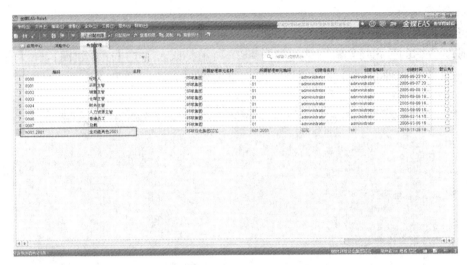

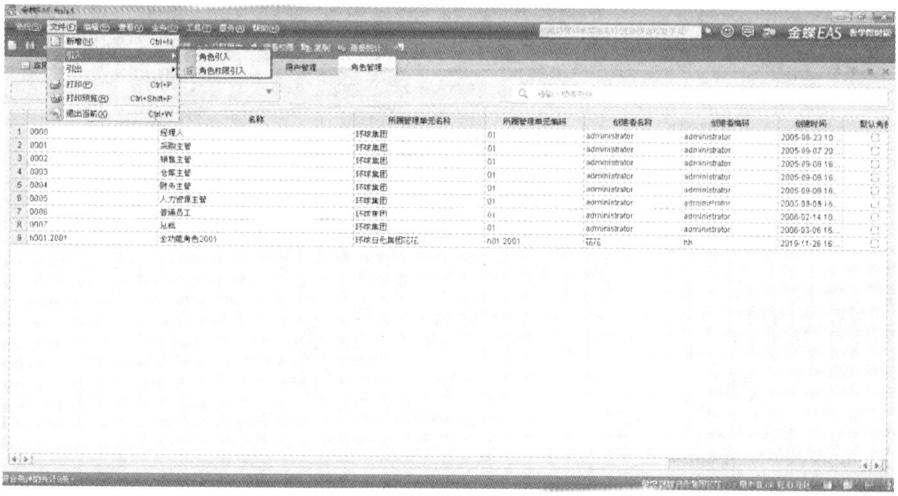

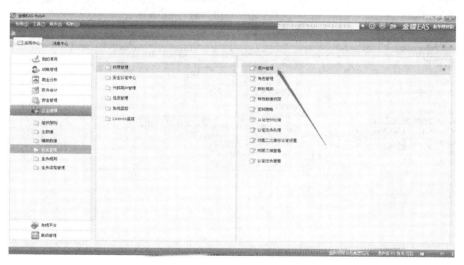

图 4-33　角色和角色权限批量引入查询

5. 分配角色

选择角色分配用户，或者选择用户分配角色，对用户进行角色授权。如图 4-34 所示，本案例选择用户授权角色，依次点击【企业建模】—【安全管理】—【权限管理】—【用户管理】进入用户管理界面。

图 4-34　用户管理查询

如图 4-35 所示，选择用户王中军+学号，点击工具栏【批量分配角色】进入批量分配界面。

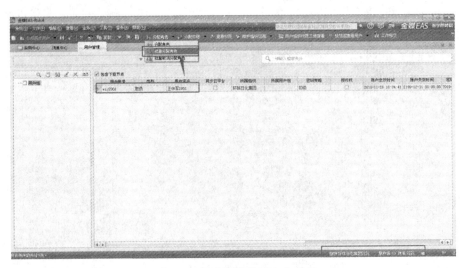

图 4-35 用户批量分配角色查询

如图 4-36 所示，点击【选择组织】，将环球日化集团+姓名下所有组织添加到已选列表，点击【确定】。

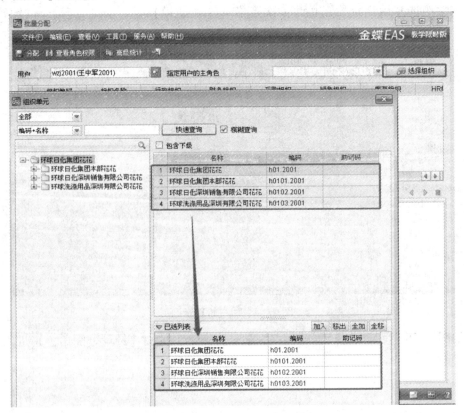

图 4-36 用户组织范围维护

如图 4-37 所示，将新建的全功能角色+学号分配该用户王中军+学号，双击全功能角色+学号添加到已分配角色中，点击【分配】。

图 4-37 用户分配角色

（六）任务

根据实训平台基础资料，用王中军（wzj+学号）在金蝶 EAS 系统中引入职位和职员，管理员（学生姓名缩写）在金蝶 EAS 系统中引入用户，并给用户分配所属角色。引入资料职位. xlsx、职员. xlsx、用户. xlsx 见实训平台。

实验三：新建物料

（一）应用场景

环球日化集团主要从事化妆品和洗涤用品的生产销售，信息管理员康路达（kld+学号）在环球日化集团新增物料分类标准，并维护物料。分配物料给环球日化集团本部、环球日化深圳销售有限公司和环球洗涤用品深圳有限公司。

（二）实验步骤

1. 新建物料分类；

2. 新建物料；

3. 物料核准；

4. 物料分配。

（三）实验前准备

完成实验一和实验二的组织搭建与职员信息维护。

（四）实验数据

实训平台提供。

（五）操作指导

1. 新建物料分类

信息管理员康路达（kld+学号）登录金蝶 EAS 客户端，如图 4-38 所示，将组织切换至环球日化集团+姓名，依次点击【企业建模】—【主数据】—【物料】进入物料界面。

图 4-38　物料界面

手工新建物料分类，在物料分类界面，点击【新增】物料分类，维护物料分类编码、名称、基本分类标准、上级分类，点击【保存】即可。

本案例，我们使用引入引出工具，从实训平台下载文件：物料分类.xlsx。如图 4-39 所示，打开文件后，替换文件内含"学号"字段为实训平台登录账号。

图 4-39　物料分类文件替换

如图 4-40 和图 4-41 所示，依次点击工具栏【文件】—【引入】—【物料分类】进入物料分类引入界面，选择文件物料分类.xlsx，引入方式为新增引入，点击【引入】。

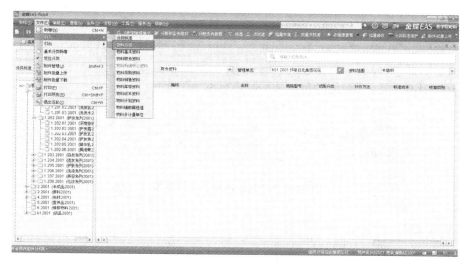

图 4-40　物料分类引入界面

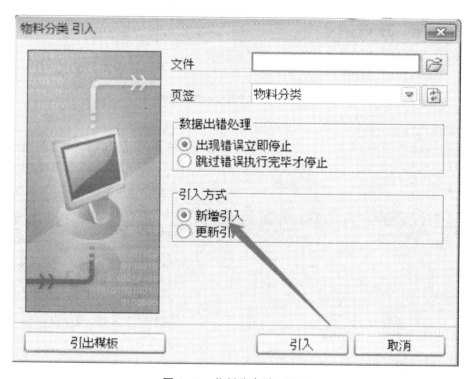

图 4-41　物料分类引入界面

2. 新建物料

手工新建物料，在界面左边选择物料对应的分类，点击工具栏【新增】按钮，在基本资料页签录入物料的编码、名称、物料基本分类、基本计量单位；在财务资料页签选择财务组织为环球日化集团+姓名，录入完毕后点击【保存】。

本案例，我们使用引入引出工具，从实训平台下载文件：物料基本资料. xlsx 和物料财务资料. xlsx。打开文件后，如图 4-42 和图 4-43 所示，替换文件内含"学号"字段为实训平台登录账号。

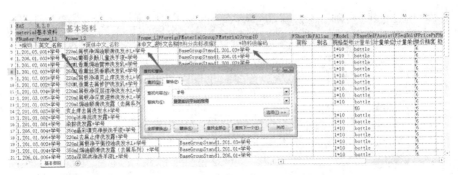

图 4-42　物料基本资料文件替换

图 4-43　物料财务资料文件替换

先引入物料基本资料，再引入物料财务资料。

如图 4-44 和图 4-45 所示，依次点击工具栏【文件】—【引入】—【物料基本资料】进入基本资料引入界面，选择文件物料基本资料. xlsx，引入方式为新增引入，点击【引入】。

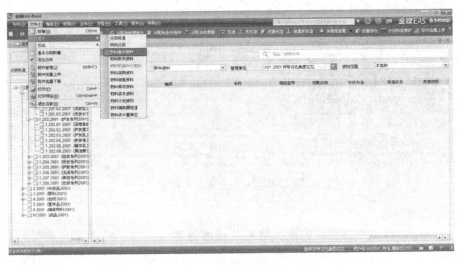

图 4-44　物料基本资料引入查询

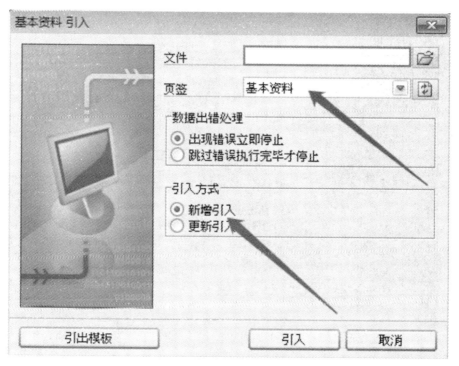

图 4-45　物料基本资料引入界面

如图 4-46 和图 4-47 所示，依次点击工具栏【文件】—【引入】—【物料财务资料】进入财务资料引入界面，选择文件物料财务资料. xlsx，引入方式为新增引入，点击【引入】。

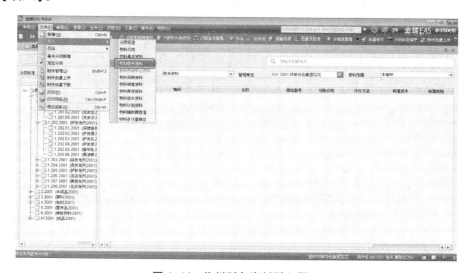

图 4-46　物料财务资料引入界面

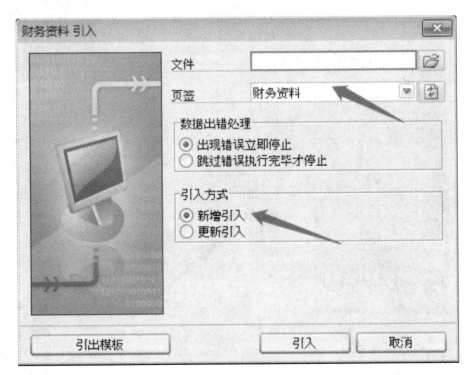

图 4-47　物料财务资料引入界面

3. 物料核准

手工新建的物料为未核准状态，需要点击工具栏【核准】按钮进行核准。从 Excel 引入的物料为已核准物料，无需再核准。已核准的物料，需反核准后才允许修改。

4. 物料分配

无论是以手工新建方式还是引入方式物料新增，都需要分配到业务组织。如图 4-48 所示，点击工具栏【分配到业务组织】，组织单元选择环球日化集团本部+姓名，选择条件未分配的基础资料、勾选【同时分配其他页签】，点击【全选】后【保存】。

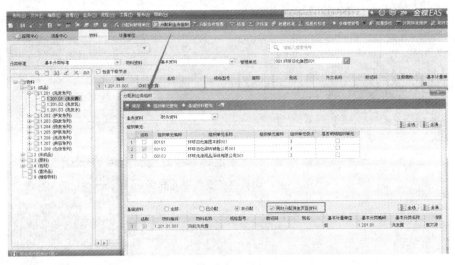

图 4-48　物料分配到业务组织界面

在选择组织为环球日化深圳销售有限公司+姓名、环球洗涤用品深圳有限公司+姓名，分配物料时，注意一定要勾选【同时分配其他页签资料】。

物料分配未勾选【同时分配其他页签资料】而被分配时，可反分配后，重新分配。反分配时，选择基础资料为【已分配】，取消勾选所有物料，点击【保存】即可。

引入了财务资料的物料，财务组织为环球日化集团，勾选【同时分配其他页签资料】分配后，在分配组织打开物料财务资料页签，财务组织会更新为已分配组织。物料财务资料页签必须有财务组织，才能在该财务组织被使用。

（六）任务

信息管理员康路达（kld+学号）在环球日化集团继续引入客户资料和供应商资料，并分配给环球日化集团本部、环球日化深圳销售有限公司和环球洗涤用品深圳有限公司。本任务相关数据从实训平台下载相关文件。

实验四：分配会计科目

（一）应用场景

信息管理员康路达（kld+学号）将集团下的所有会计科目分配给环球日化集团本部、环球日化深圳销售有限公司和环球洗涤用品深圳有限公司使用。

（二）实验步骤

会计科目分配。

（三）实验前准备

在前序案例基础上，将环球集团会计科目分配至各个环球日化集团公司。

（四）操作指导

1. 会计科目

如图4-49所示，信息管理员康路达（kld+学号）登录EAS客户端后，依次点击【企业建模】—【辅助数据】—【财务会计数据】—【会计科目】进入会计科目界面。

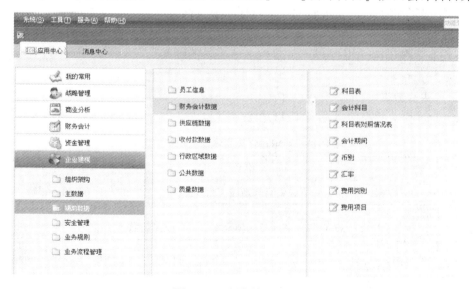

图4-49　会计科目界面

如图4-50所示，在会计科目界面，点击工具栏的【分配】，待分配的财务组织选择环球日化集团本部+姓名，选择显示未分配科目，点击【全选】后【分配】。

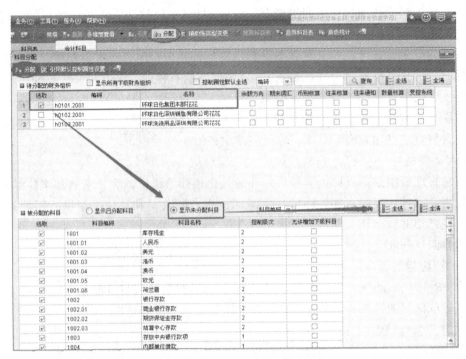

图 4-50　会计科目分配财务组织界面

再选择待分配组织为环球日化深圳销售有限公司+姓名、环球洗涤用品深圳有限公司+姓名进行分配，注意要逐个选择财务组织进行分配。

实验五：新建银行账户

（一）应用场景

环球日化集团本部出纳陈晓陶（cxt+学号）在招商银行高新园支行开户，建立环球日化集团本部收支账户，关联商业银行存款为付款科目。

（二）实验步骤

1. 建立金融机构（银行）

2. 新建银行账户

（三）实验数据

本实验过程中所需信息见表 4-11 和表 4-12。

表 4-11　环球日化集团本部金融机构信息

编码	名称	上级机构
02.01.008. 学号	招商银行高新园支行+学号	广东-招商银行

表 4-12　环球日化集团本部银行账户信息

编码	银行账号	名称	开户单位	金融机构	科目	币别	用途	收支属性
001. 学号	自定义	招商银行高新园支行+学号	环球日化集团本部+姓名	招商银行高新园支行+学号	1002.（商业银行存款）	单一币别人民币	活期	收支户

（四）操作指导

1. 新建金融机构（银行）

环球日化集团本部出纳陈晓陶（cxt+学号）登录金蝶 EAS，切换组织到环球日化集团本部+姓名。依次点击【企业建模】—【辅助数据】—【财务会计数据】—【金融机构银行】进入金融机构银行界面，根据表 4-11 录入相关信息。如图 4-51 所示，金融机构编码为 02.01.008. 学号，名称为招商银行高新园支行+学号，上级机构为广东-招商银行，录入完毕后点击【保存】。

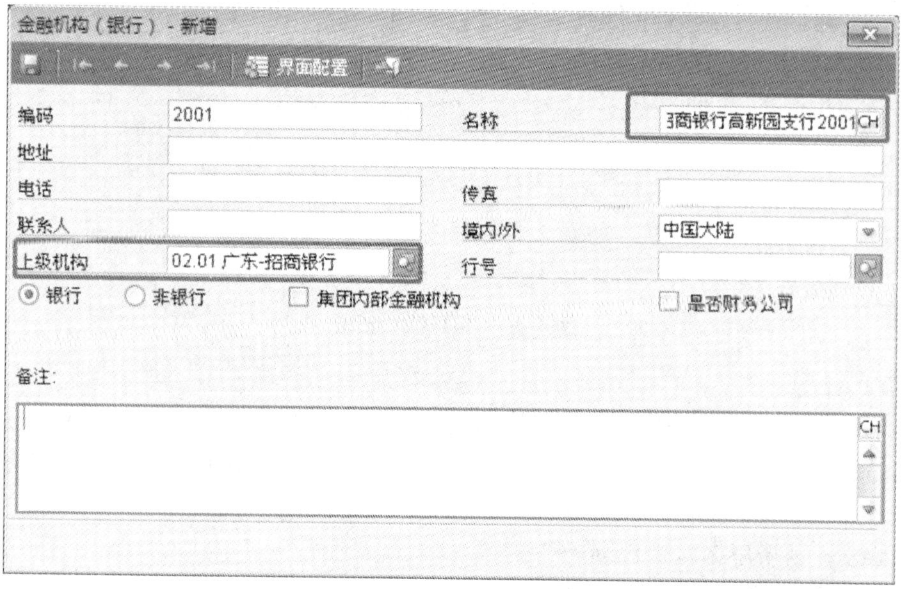

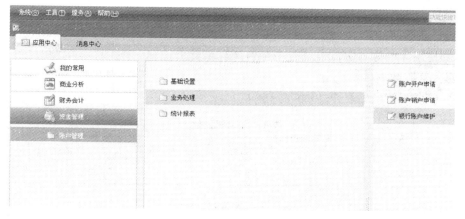

图 4-51　金融机构新增

2. 新建银行账户

银行账户用于记录企业内部银行资金流动，出纳系统以银行账户为载体展示日记账和报表。如图 4-52 所示，依次点击【资金管理】—【账户管理】—【业务处理】—【银行账户维护】进入银行账户界面。

图 4-52　银行账户查询

点击工具栏【新增】银行账户，根据表4-12中环球日化集团本部银行账户信息录入。如图4-53所示，银行账户编码为001.学号，银行账户自定义（建议16位数字），银行账户名称为招商银行高新园支行+学号，开户单位为环球日化集团本部+姓名，金融机构为招商银行高新园支行+学号，科目为1002.商业银行存款，币别为单一币别人民币，用途为活期，收支属性为收支户。

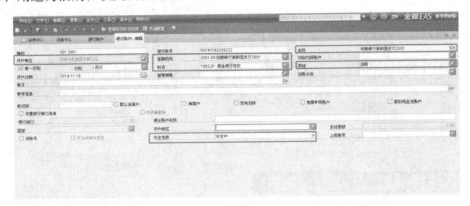

图4-53　银行账户新增

（五）任务

环球日化深圳销售有限公司出纳张合凯（zhk+学号）新建本公司银行账户；环球洗涤用品有限公司出纳赵姗姗（zss+学号）新建本公司银行账户。相关数据资料见实训平台。

实验六：新增单据转换规则

（一）应用场景

单据转换规则是ERP系统实现智能核算的基础。以应收单为例，信息管理员康路达（kld+学号）在环球日化集团新建并启用应收单转换凭证的规则。

（二）实验步骤

1. 新建凭证类型；
2. 新建单据转换规则；
3. 启用单据转换规则。

（三）实验前准备

教师使用user账号分配凭证类型至各个管理单元

（四）实验数据

本实验所需信息见表4-13和表4-14。

表4-13　凭证类型

编码	名称	创建单元
学号.01	记字+学号	环球日化集团+姓名

表4-14　单据转换规则

业务系统	源单据	目标单据	管理单元
应收系统	应收单	凭证	环球日化集团+姓名

（五）操作指导

1. 新建凭证类型

信息管理员康路达（kld+学号）登录金蝶 EAS 客户端，切换组织到环球日化集团+姓名。依次点击【财务会计】—【总账】—【基础设置】—【凭证类型】进入凭证类型序时簿。点击工具栏【新增】凭证类型，按照表格凭证类型录入。如图 4-54 所示，凭证类型编码为学号.01，名称为记字+学号，勾选默认，录入完毕后点击【保存】。

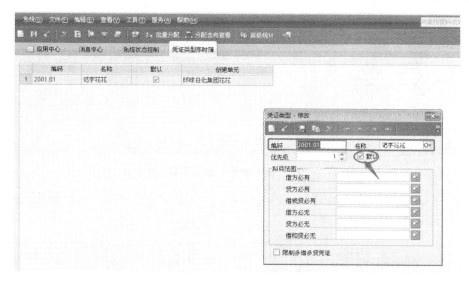

图 4-54　凭证类型新增

2. 新建单据转换规则

如图 4-55 所示，依次点击【企业建模】—【业务规则】—【单据转换规则】—【单据转换规则配置】进入规则配置界面。

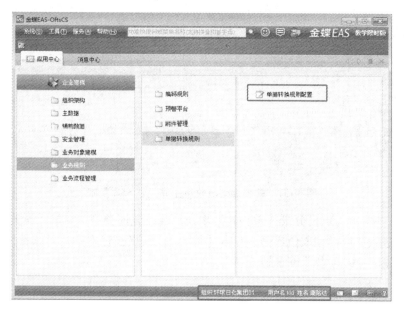

图 4-55　单据转换规则配置查询

如图 4-56 所示，在左边的树节点中，选择【财务会计】—【应收管理】—【应收单】查看与应收单有关的规则。双击查看应收单生成凭证 SSC 转换规则。

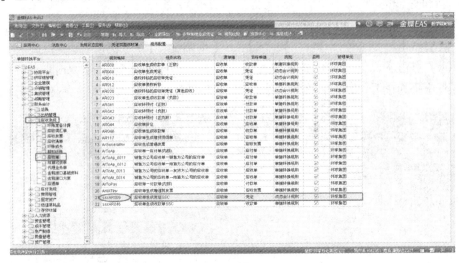

图 4-56　应收单生成凭证 SSC 转换规则查询

如图 4-57 所示，点击工具栏中的【复制】，在复制的规则界面进行修改。在默认的编码和名称后面添加自己的学号。

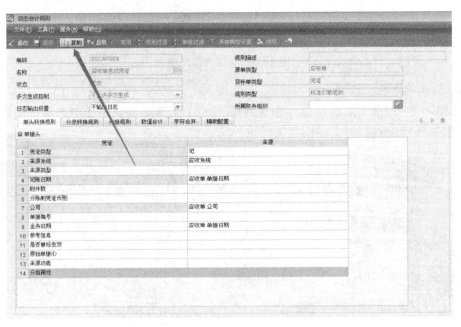

图 4-57　转换规则应收单生成凭证 SSC 复制

如图 4-58 所示，点击分录【单头转换规则】修改凭证类型，点击凭证类型选择栏的【放大镜】，进入凭证类型取值界面，点击【值列表】，双击管理单元环球日化集团+姓名创建的记字凭证号，点击【确定】。

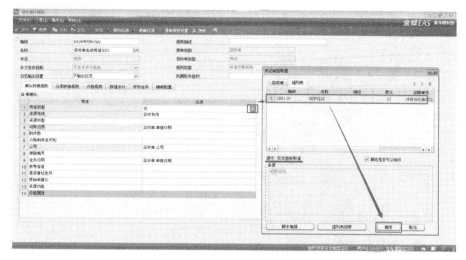

图 4-58　应收单生成凭证 SSC 转换规则修改 1

如图 4-59 所示，点击分录【分录转换规则】设置科目，第一行科目为应收账款科目，点击科目右边的放大镜，打开分录科目取值界面，在取值列表中，找到应收账款科目，双击选取科目，点击【确定】。

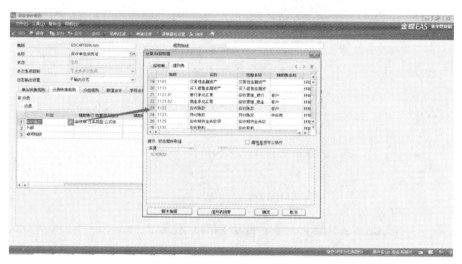

图 4-59　应收单生成凭证 SSC 转换规则修改 2

如图 4-60 所示，选择应收账款中的辅助账行.核算项目组合，点击放大镜，设置核算项目类型为"应收款往来类型"，双击选择，点击【确定】。

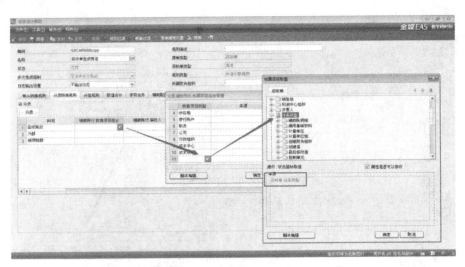

图 4-60　应收单生成凭证 SSC 转换规则修改 3

返回分录—辅助账号—核算项目组合取值界面，设置核算项目类型来源。如图 4-61 所示，打开应收单往来类型来源，进入关联对象取值界面，点击【脚本编辑】。

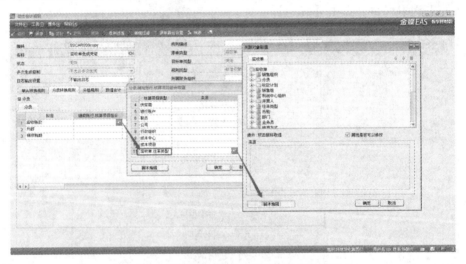

图 4-61　应收单生成凭证 SSC 转换规则修改 4

在脚本编辑—公式平台，设置往来户取值公式。如图 4-62 所示，选择"公式结果"和"＝"。

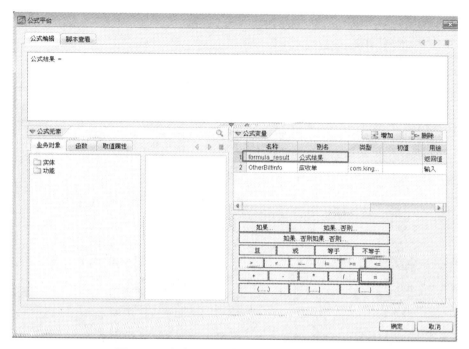

图 4-62　应收单生成凭证 SSC 转换规则修改 5

如图 4-63 所示，公司元素选择【函数】，打开基础资料函数，选择_ BOTgetObjectFromCussent（）函数。

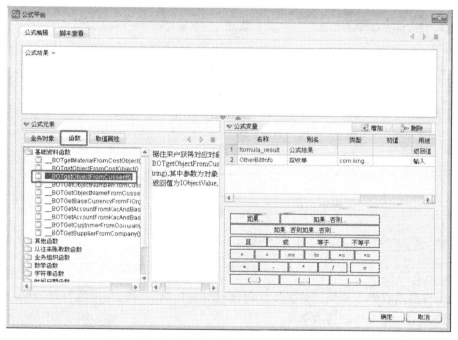

图 4-63　应收单生成凭证 SSC 转换规则修改 6

如图 4-64 所示，在括号中添加业务对象为应付单. 往来户 ID，在公式的最后，添加英文半角的分号 "；" 然后点击【确定】。在关联对象取值界面点击【确定】，在分录. 辅助账行. 核算项目组合取值界面点击【确定】，返回动态会计规则界面。

图 4-64　应收单生成凭证 SSC 转换规则修改 7

如图 4-65 所示，在分录中选择外部科目和销项税额科目，录入完成后，在规则编码和名称后面加上学号，点击【保存】。

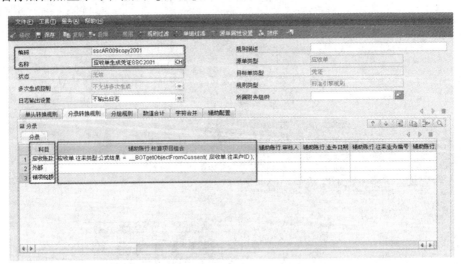

图 4-65　应收单生成凭证 SSC 转换规则修改 8

如果科目没有修改到位，业务发生时会有对应提醒，可根据提醒再返回修改规则，但是必须禁用此规则才能修改规则。

3. 启用单据转换规则

点击工具栏【启用】，即可启用编码规则，如图 4-66 所示。编码规则必须禁用后才能修改。

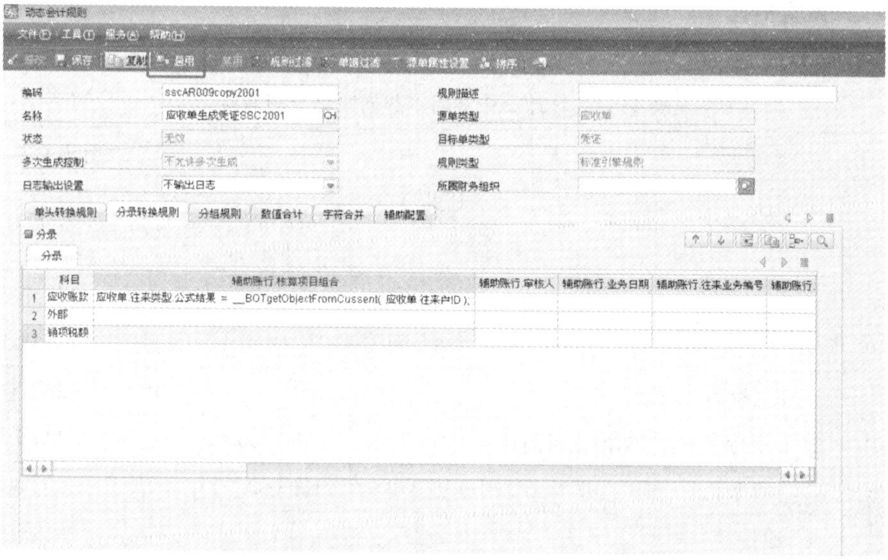

图 4-66 转换规则应收单生成凭证 SSC 启用

（六）任务

信息管理员康路达（kld+学号）复制环球集团 SSC 使用的单据转换规则，根据平台练习题里的实验数据修改规则，并在环球日化集团启用规则。

二、系统初始化

实验一：总账系统初始化

（一）应用场景

总账系统是财务管理信息系统的核心，通过独特的核算项目功能，实现企业各项业务的精细化核算。

系统初始化是指在企业账务和物流业务的背景下设置和启用账套会计期间的期初数据。本案例主要讲述了金蝶 EAS 总账系统在使用前的初始化工作，它主要包括科目初始余额录入、辅助账科目初始余额录入和往来账科目初始余额录入及现金流量初始化四部分的工作。上述四项录入工作均可分别独立完成，但必须保证四者之间的明细金额合计与汇总金额相等。

以环球日化集团本部为例，对信息管理员康路达（kld+学号）和本部总账会计樊江波（fjb+学号）结束环球日化集团本部总账初始化。

（二）实验步骤

1. 启用期间设置；

2. 科目余额初始化；

3. 辅助账初始化；

4. 修改总账参数。

（三）实验前准备

前序案例资料均已全部录入。

（四）实验数据

本实验所需信息见表4-15。

表 4-15　环球日化集团本部初始化余额信息

科目				方向	期初余额
代码	名称	辅助科目			原币
		名称	原币		
1001	库存现金			借	150 000.00
1001.01	人民币			借	150 000.00
1002	银行存款			借	3 200 000.00
1002.01	商业银行存款	招商银行高新园支行+学号	3 200 000.00	借	3 200 000.00
1122	应收账款	广州天天日用贸易公司	100 000.00	借	100 000.00
1403	原材料			借	396 000.00
1403.01	原料及主要材料			借	396 000.00
1405	库存商品			借	2 800 000.00
1511	长期股权投资			借	125 667 42.86
1601	固定资产			借	24 000 000.00
1601.01	房屋及建筑物			借	24 000 000.00
1602	累计折旧			贷	12 317 142.86
1602.01	房屋及建筑物			贷	12 317 142.86
2202	应付账款	深圳市元动化工有限公司	60 000.00	贷	100 000.00
		深圳中富包装容器有限公司	40 000.00	贷	
4001	股本			贷	127 696 00.00
4101	盈余公积			贷	16 200.00
4101.01	法定盈余公积			贷	16 200.00

（五）操作指导：

1. 启用期间设置

启用期间设置是科目余额初始化的操作前提。信息管理员康路达（kld+学号）登录金蝶 EAS，切换组织到环球日化集团本部+姓名。如图 4-67 所示，点击【系统平台】—【系统工具】—【系统配置】—【系统状态控制】进入系统状态控制界面。

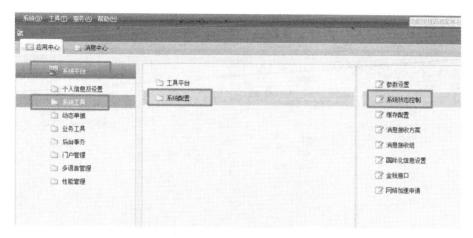

图 4-67　系统状态控制界面

如图 4-68 所示，点击总账系统启用期间栏【放大镜】进入会计期间列表，选择会计期间为 2017 年第 1 期，点击【确定】。

图 4-68　总账系统启用期间设置

2. 科目余额初始化

科目余额初始化操作是在使用总账系统进行日常业务操作之前，需要在总账系统中进行初始设置工作。本部总账会计樊江波（fjb+学号）登录金蝶 EAS，如图 4-69 所示，点击【财务会计】—【总账】—【初始化】—【科目初始余额录入】进入科目余额初始化界面。

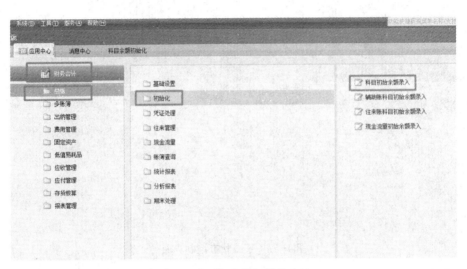

图 4-69　科目余额初始化查询

图 4-69　科目余额初始化查询

如图 4-70 所示，选择币别为人民币，根据实验数据表环球日化集团本部初始化余额信息表录入科目初始余额。

图 4-70　科目初始余额录入

注：科目余额初始化中，用户只需输入最明细级科目的金额，对于上级科目数据由系统会自动进行汇总计算。

如图 4-71 和图 4-72 所示，科目初始余额录入完毕后，选择币别为综合本位币，点击【试算平衡】。若试算结果平衡，则点击【结束初始化】；若试算结果不平衡，则根据差额提示检查、调整科目初始余额，直至试算结果平衡。

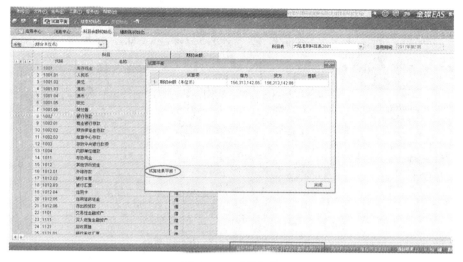

图 4-71 试算平衡

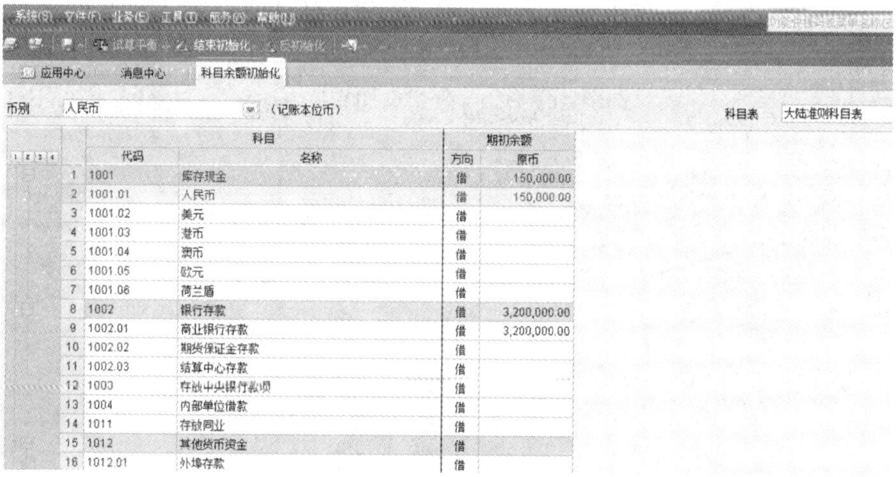

图 4-72 结束初始化

3. 辅助账初始化

辅助账科目初始余额录入是针对有挂辅助账的科目，录入对应的辅助核算项目的初始数据。点击【应用中心】—【财务会计】—【总账】—【初始化】—【辅助账科目初始余额录入】，如图 4-73 所示，根据实验数据表环球日化集团本部初始化余额信息表录入辅助账初始化信息。

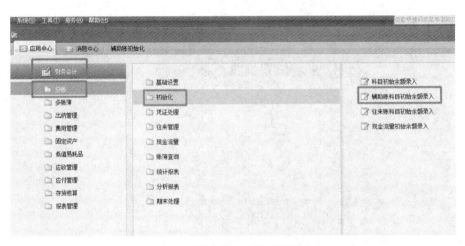

图 4-73　辅助账科目初始余额查询

　　例如：挂有辅助账的科目商业银行存款，选择科目为商业银行存款，点击工具栏【新增】辅助账。如图 4-74 所示，银行账户为招商银行高新园支行+学号，原币为 3 200 000，录入完毕后点击【保存】。

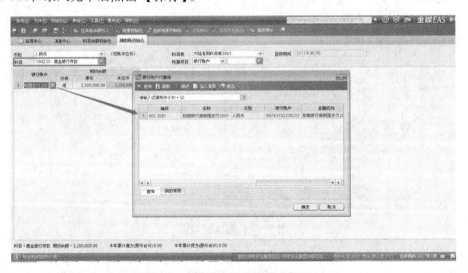

图 4-74　辅助账科目初始余额录入

　　录入所有挂有辅助账的科目：应收账款、应付账款，并保存后，点击工具栏【全部结束初始化】，如图 4-75 所示。

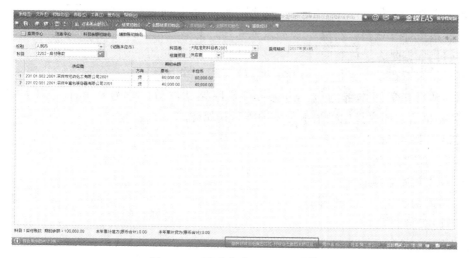

图 4-75　辅助账科目结束初始化

4. 修改总账参数

信息管理员康路达（kld+学号）登录金蝶 EAS，切换组织到环球日化集团本部+姓名。依次点击【系统平台】—【系统工具】—【系统配置】—【参数设置】，进入参数设置界面，如图 4-76 所示，打开【财务会计】—【总账】切换到其他参数界面。然后，先在"删除和作废机制凭证"中选择"业务系统和总账系统"；再在"允许修改业务系统生成的机制凭证"中勾选全部模块；最后点击【保存】。

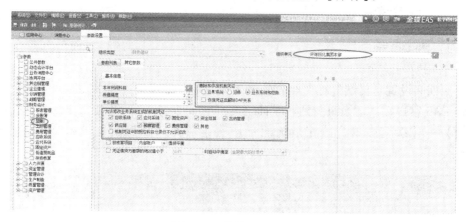

图 4-76　总账其他参数

（六）任务

根据实训平台数据，总账会计陈军波（cjb+学号）完成环球日化深圳销售有限公司总账系统初始化，总账会计马吉祯（mjz+学号）完成环球洗涤用品深圳有限公司总账系统初始化。系统管理员康路达（kld+学号）完成两个公司的总账其他参数修改。

实验二：出纳管理初始化

（一）应用场景

出纳管理是企业日常收支必不可少的工作之一，涉及办理企业的现金收付、银行结算及有关账务。做好出纳管理，可以帮助企业及时了解和掌握某期间或某时间范围的现金收支记录和银行存款收支情况，并做到日清月结，随时查询、打印有关出纳报表。

出纳管理初始化是启用 EAS 出纳管理系统必备的前置步骤，用于将启用期间之前的现金、银行存款和银行对账单余额录入系统，以保证系统后续期间业务数据的连续性，初始化数据是否正确将直接影响整个出纳系统数据的正确与否。出纳管理初始化包括现金、银行存款、银行对账单初始余额的录入等内容。

以环球日化集团本部为例，信息管理员康路达（kld+学号）和本部出纳陈晓陶（cxt+学号）结束环球日化集团本部出纳管理初始化。

（二）实验步骤

1. 启用期间设置；

2. 录入初始余额；

3. 结束初始化并与总账联用。

（三）实验数据

本实验所需信息见表 4-16。

表 4-16　环球日化集团本部出纳初始化信息

现金初始余额	
现金科目	初始余额（人民币）
1001.01 人民币	150 000
银行存款与对账单	
银行账户名称	初始余额（人民币）
招商银行高新园支行+学号	3 200 000

（四）操作指导

1. 启用期间设置

启用期间设置是出纳管理初始化的操作前提。信息管理员康路达（kld+学号）登录金蝶 EAS 客户端，切换组织到环球日化集团本部+姓名。如图 4-77 所示，点击【系统平台】—【系统工具】—【系统配置】—【系统状态控制】进入系统状态控制界面。

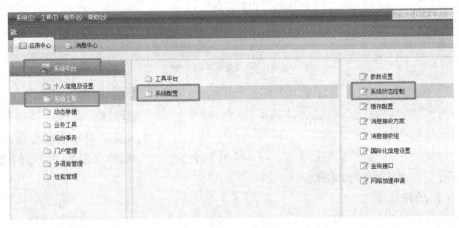

图 4-77　系统状态控制界面

如图 4-78 所示，点击出纳管理启用期间栏【放大镜】进入会计期间列表，选择会计期间为 2017 年第 1 期，点击【确定】。

图 4-78　出纳管理系统启用期间设置

2. 录入初始余额

录入现金、银行存款、银行对账单初始余额，是启用 EAS 出纳管理系统必须的前置步骤。如图 4-79 所示，环球日化集团本部出纳陈晓陶（cxt+学号）登录金蝶 EAS 客户端，点击【财务会计】—【出纳管理】—【基础设置】—【出纳初始化】进入出纳初始化界面。

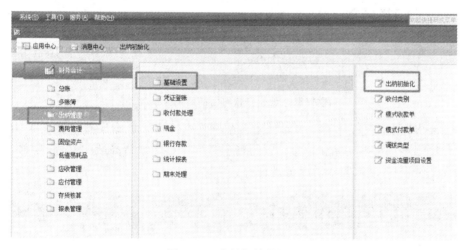

图 4-79　出纳初始化界面

如图 4-80 所示，选择类型为现金，币别为人民币，根据实验数据表 4-16 对环球日化集团本部出纳初始化信息录入。现金科目人民币初始余额为 150 000，录入完毕后点击【保存】。

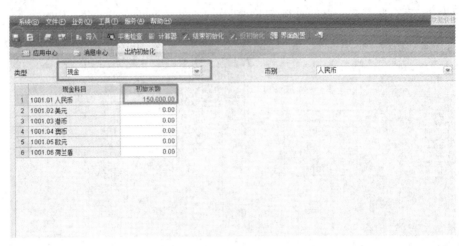

图 4-80　现金科目初始余额录入

如图 4-81 所示，选择类型为银行存款，币别为人民币，根据实验数据表 4-16 录入环球日化集团本部出纳初始化信息。银行账户名称为招商银行高新园支行+学号，初始余额为 3 200 000，录入完毕后点击【保存】。

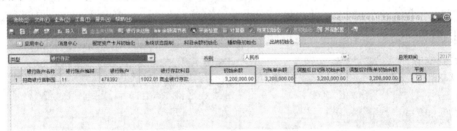

图 4-81　银行存款科目初始余额录入

如图 4-82 所示，选择类型为对账单，币别为人民币，根据实验数据表 4-16 录入环球日化集团本部出纳初始化信息。银行账户名称为招商银行高新园支行+学号，初始余额为 3 200 000，录入完毕后点击【保存】。

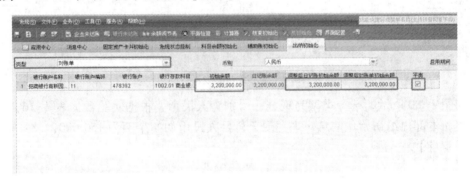

图 4-82　对账单初始余额录入

3. 结束初始化并与总账联用

如图 4-83 所示，点击工具栏【平衡检查】，平衡后点击【结束初始化】。

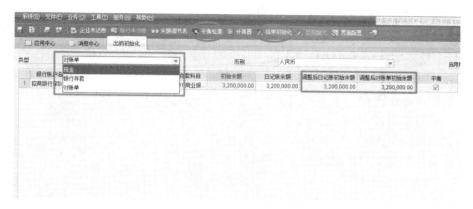

图 4-83　出纳管理系统结束初始化

信息管理员康路达（kld+学号）登录金蝶 EAS 客户端，切换组织到环球日化集团本部+姓名。如图 4-84 所示，点击【系统平台】—【系统工具】—【系统配置】—【系统状态控制】，选择出纳系统，点击工具栏【与总账联用】，完成出纳系统与总账系统的联用。

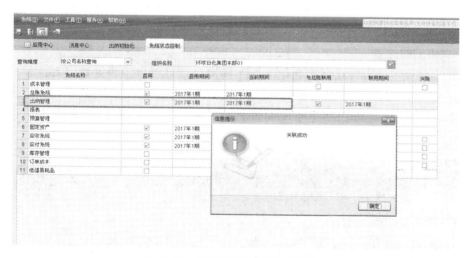

图 4-84　出纳系统与总账系统联用

使用联用的前提：①当前期间一致；②两个系统都结束了初始化；③初始化余额相同

（五）任务

根据平台数据，出纳张合凯（zhk+学号）完成环球日化深圳销售有限公司出纳管理初始化，并与总账联用；出纳赵珊珊（zss+学号）完成环球洗涤用品深圳有限公司出纳管理初始化，并与总账联用。

实验三：应收系统初始化

（一）应用场景

应收管理系统处理客户往来管理的业务，是供应链销售及分销管理资金结算的重要流程，也是财务资金管理的重要内容。

初始化处理是进行应收业务处理的基础与前提条件，是在上线应收系统前对业务数据的整理过程。初始化处理包括启用期间设置、对账科目设置、期初单据录入、年初至启用期间的发生额录入、结束初始化。

以环球日化集团本部为例，信息管理员康路达（kld+学号）和本部往来会计李卫玲（lwl+学号）结束环球日化集团本部应收系统初始化。

（二）实验步骤

1. 启用期间设置；
2. 对账科目设置；
3. 初始数据引入；
4. 结束初始化并与总账联用。

（三）实验数据

本实验所需信息见表4-17。

表4-17 环球日化集团本部应收系统初始化信息

组织名称	客户	启用期间	科目	业务类型	物料	期初余额
环球日化集团本部+姓名	广州天天日用贸易有限公司	2017年第1期	应收账款	销售发票	彩膜	100 000

（四）操作指导

1. 启用期间设置

启用期间设置是应收系统初始化的操作前提。信息管理员康路达（kld+学号）登录金蝶EAS客户端，切换组织到环球日化集团本部+姓名。如图4-85所示，点击【系统平台】—【系统工具】—【系统配置】—【系统状态控制】进入系统状态控制界面。

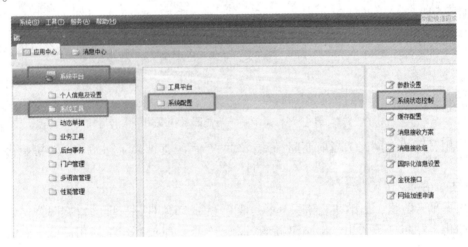

图4-85 系统状态控制查询

如图4-86所示，点击应收系统启用期间栏【放大镜】进入会计期间列表，选择会计期间为2017年第1期，点击【确定】。

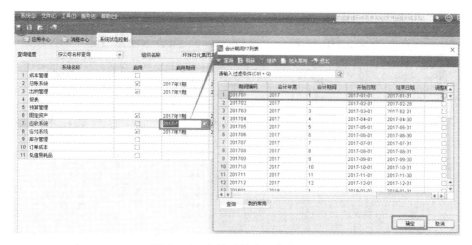

图 4-86　应收系统启用期间设置

2. 对账科目设置

设置在应收系统中需要与总账系统对账的科目。往来会计李卫玲（lwl+学号）登录金蝶 EAS 客户端，切换组织到环球日化集团本部+姓名。如图 4-87 所示，点击【财务会计】—【应收管理】—【初始化】—【对账科目设置】进入对账科目设置界面。

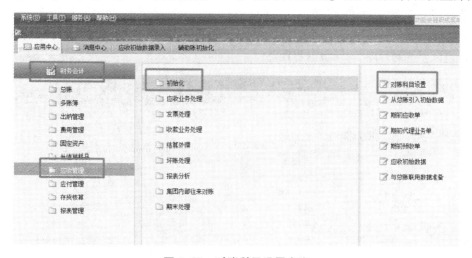

图 4-87　对账科目设置查询

如图 4 88 所示，点击工具栏【新增】对账科目，科目编码为 1122 应收账款，其他默认，点击【保存】。

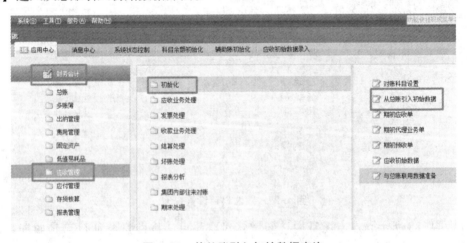

图 4-88 对账科目新增

3. 初始数据引入

系统将总账系统的辅助账余额或科目余额引入到应收系统的对账科目余额表。如图 4-89 所示，点击【财务会计】—【应收管理】—【初始化】—【从总账引入初始数据】进入从总账引入初始数据界面。

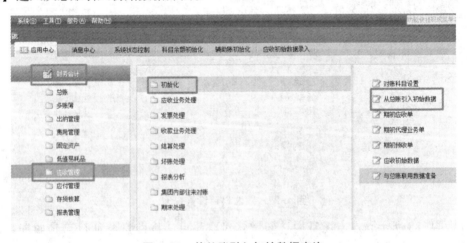

图 4-89 从总账引入初始数据查询

如图 4-90 所示，根据实验数据表 4-17 录入相关信息，科目为应收账款，单据类型为销售发票，物料为彩膜，录入完毕后点击【下一步】。

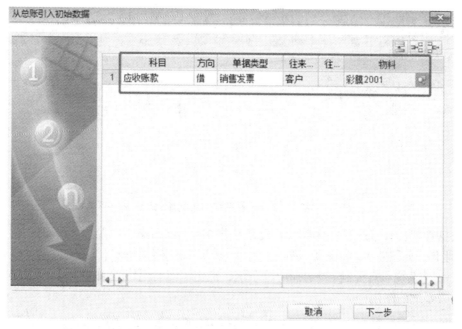

图 4-90　从总账引入初始数据

4. 结束初始化并联用总账

结束初始化是对启用期间、初始余额数据的确认。如图 4-91 和图 4-92 所示，点击【财务会计】—【应收管理】—【初始化】—【应收初始数据】进入应收初始数据界面，点击工具栏【结束初始化】。

图 4-91　应收初始数据界面

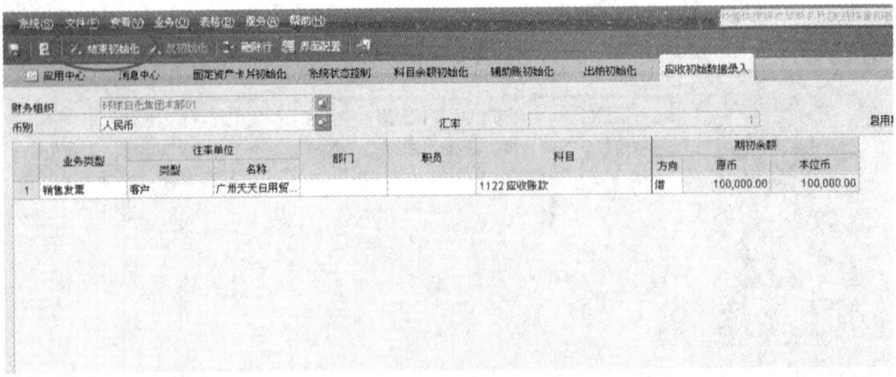

图 4-92　应收系统结束初始化

信息管理员康路达（kld+学号）登录金蝶 EAS 客户端，切换组织到环球日化集团本部+姓名。如图 4-93 和图 4-94 所示，点击【系统平台】—【系统工具】—【系统配置】—【系统状态控制】，选择应收系统，点击工具栏【与总账联用】，完成应收系统与总账系统的联用。

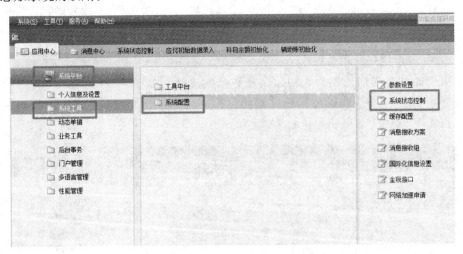

图 4-93　系统状态控制查询

图 4-94 应收系统与总账系统联用

（五）任务

根据平台数据，往来会计毛伟文（mww+学号）完成环球日化深圳销售有限公司应收系统初始化，并与总账联用；往来会计高倩兰（gql+学号）完成环球洗涤用品深圳有限公司应收系统初始化，并与总账联用。

实验四：应付系统初始化

（一）应用场景

应付管理系统处理供应商往来管理的业务，是供应链采购及供应管理资金结算的重要流程部分，也是财务资金管理的重要内容。

应付管理系统初始化处理是进行应付业务处理的基础与前提条件。初始化处理包括启用期间设置、对账科目设置、期初单据录入、年初至启用期间的发生额录入、结束初始化。

以环球日化集团本部为例，信息管理员康路达（kld+学号）和本部往来会计李卫玲（lwl+学号）对环球日化集团本部进行应付系统初始化。

（二）实验步骤

1. 启用期间设置；

2. 对账科目设置；

3. 初始数据引入；

4. 结束初始化并联用总账。

（三）实验数据

本实验所需信息见表4-18。

表 4-18　环球日化集团本部应付系统初始化信息

组织名称	供应商	启用期间	科目	业务类型	物料	期初余额
环球日化集团本部+姓名	深圳市元动化工有限公司	2017年第1期	应付账款	采购发票	矿油	60 000

· 69 ·

表4-18(续)

组织名称	供应商	启用期间	科目	业务类型	物料	期初余额
环球日化集团本部+姓名	深圳中富包装容器有限公司	2017年第1期	应付账款	采购发票	矿油	40 000

（四）操作指导

1. 启用期间设置

启用期间设置是应付系统初始化的操作前提。信息管理员康路达（kld+学号）登录金蝶EAS客户端，切换组织到环球日化集团本部+姓名。如图4-95所示，点击【系统平台】—【系统工具】—【系统配置】—【系统状态控制】进入系统状态控制界面。

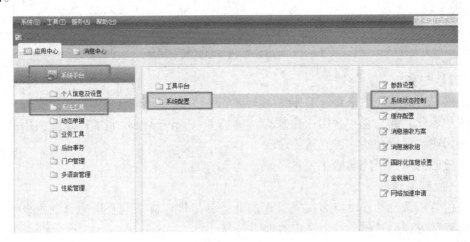

图4-95 系统状态控制查询

如图4-96所示，点击应付系统启用期间栏【放大镜】进入会计期间列表，选择会计期间为2017年第1期，点击【确定】。

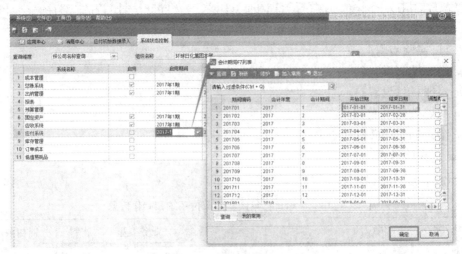

图4-96 应付系统启用期间设置

2. 对账科目设置

设置在应付系统中需要与总账系统对账的科目。往来会计李卫玲（lwl+学号）登录金蝶 EAS 客户端，切换组织到环球日化集团本部+姓名。如图 4-97 所示，点击【财务会计】—【应付管理】—【初始化】—【对账科目设置】进入对账科目设置界面。

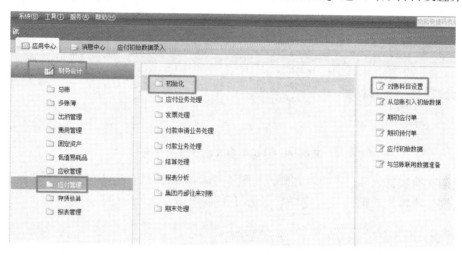

图 4-97　对账科目设置查询

如图 4-98 所示，点击工具栏【新增】对账科目，科目编码为 2202 应付账款，其他默认，点击【保存】。

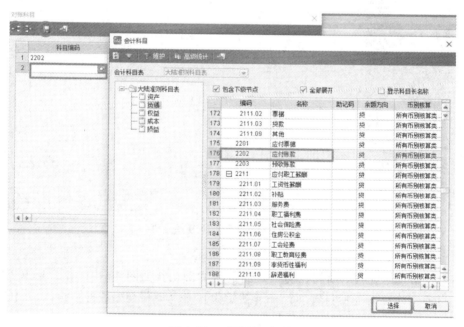

图 4-98　对账科目新增

3. 初始数据引入

如图 4-99 所示，系统将总账系统的辅助账余额或科目余额引入到应付系统的对账科目余额表。点击【财务会计】—【应付管理】—【初始化】—【从总账引入初始数据】进入从总账引入初始数据界面。

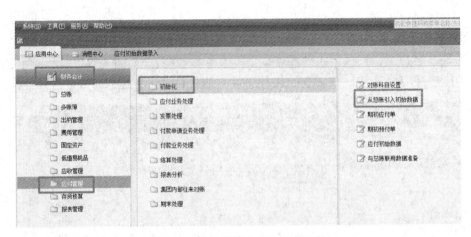

图 4-99　从总账引入初始数据查询

　　根据实验数据表 4-18 录入信息，如图 4-100 所示，科目为应付账款，单据类型为采购发票，物料为矿油，录入完毕后点击【下一步】。

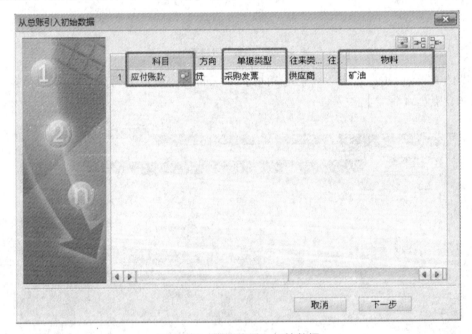

图 4-100　从总账引入初始数据

4. 结束初始化并联用总账

结束初始化是对启用期间、初始余额数据的确认。如图 4-101 和图 4-102 所示，点击【财务会计】—【应付管理】—【初始化】—【应付初始数据】进入应付初始数据界面。点击工具栏【结束初始化】。

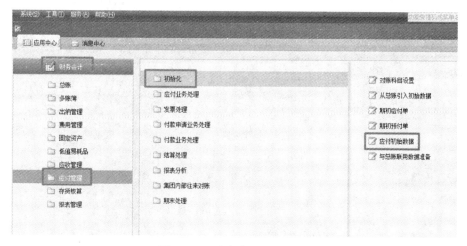

图 4-101　应付初始数据查询

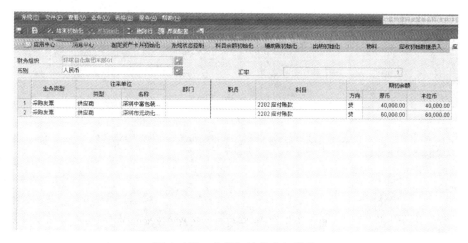

图 4-102　应付初始结束初始化

信息管理员康路达（kld+学号）登录金蝶 EAS 客户端，切换组织到环球日化集团本部+姓名。如图 4-103 和图 4-104 所示，点击【系统平台】—【系统工具】—【系统配置】—【系统状态控制】，选择应付系统，点击工具栏【与总账联用】，完成应付系统与总账系统的联用。

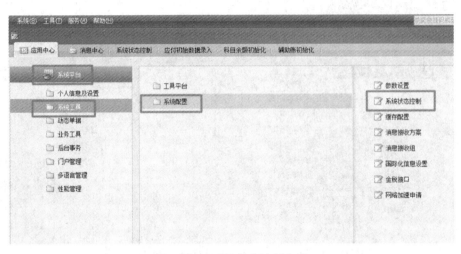

图 4-103 系统状态控制查询

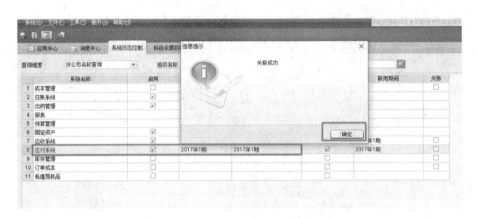

图 4-104 应付系统与总账系统联用

（五）任务

根据平台数据，往来会计毛伟文（mww+学号）完成环球日化深圳销售有限公司应付系统初始化，并与总账联用；往来会计高倩兰（gql+学号）完成环球洗涤用品深圳有限公司应付系统初始化，并与总账联用。

实验五：固定资产初始化

（一）应用场景

固定资产是企业资产的重要组成部分，它为企业生产经营活动提供必要的物质条件。企业现在都越来越重视加强对固定资产的管理与核算，都在不断建立、健全固定资产管理制度，明确管理责任，保证其安全、完整以及促使其合理有效地利用。

固定资产系统以管理企业固定资产的财务核算活动为主，业务管理活动为辅，是一个全面的固定资产管理系统。

环球日化集团本部于 2017 年 1 月开始使用固定资产系统，由本部固定资产会计齐振英（qzy+学号）完成环球日化集团本部固定资产初始化。

（二）实验步骤

1. 维护固定资产基础资料；

2. 设置固定资产启用期间；

3. 录入初始化卡片并结束初始化；

4. 设置期末对账方案；

5. 与总账联用。

（三）实验数据

本实验所需信息见表4-19至表4-21。

表4-19 环球日化集团地址簿信息

地址编码	学号. 01
国家	中国
地址详址	高新南十二路
省份城市	广东深圳

表4-20 环球日化集团本部对账方案信息

方案名	默认方案+学号	对账期间	2017 年 1 期
固定资产原值			
科目列表	1601 固定资产		
累计折旧科目	1602 累计折旧		
减值准备科目	1603 固定资产减值准备		

表4-21 环球日化集团本部固定资产卡片初始化信息

资产类别	房屋及建筑物		资产名称	本部大楼	
公司			环球日化集团本部+姓名		
基本信息					
资产数量	1	计量单位	栋	实物入账日期	1996-01-01
来源方式	购入	使用状态	使用中	财务入账日期	1996-01-01
存放地点	中国广东深圳高新南十二路	经济用途	生产经营用	管理部门	环球日化集团+姓名
原值与折旧					
币别	人民币		原币金额	24 000 000	
交付日期	1996-01-01	开始使用日期	1996-01-01	已折旧期间数	251
预计使用年限	70		预计使用期间数	840	
累计折旧	12317142.86	预计净残值	2 400 000	净残值率	10%
折旧方法	平均年限法（基于原值）		全寿命累计折旧	12 317 142.86	
核算信息					
固定资产科目			固定资产——房屋及建筑物		
累计折旧科目			累计折旧——房屋及建筑物		

表4-21(续)

资产类别	房屋及建筑物		资产名称	本部大楼
减值准备科目			固定资产减值准备——房屋及建筑物	
折旧费用分摊				
折旧费用分摊科目	管理费用——管理费用——折旧费		分摊比例	100%
使用部门			环球日化集团+姓名	

(四) 操作指导

1. 维护固定资产基础资料

固定资产基础资料是固定资产系统发生业务的前提,基础资料不可跨级引用。环球日化集团本部固定资产会计齐振英(qzy+学号)登录金蝶EAS客户端,切换组织到环球日化集团+姓名。如图4-105所示,维护固定资产基础资料固定资产类别,点击【财务会计】—【固定资产】—【基础设置】—【固定资产类别】进入固定资产类别界面。

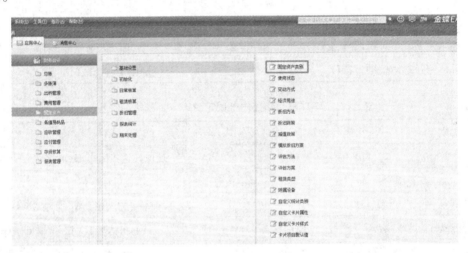

图4-105 固定资产类别查询

注:维护固定资产基础资料"固定资产类别""使用状态""变动方式""经济用途",需先在环球日化集团维护,才能在环球日化集团本部、环球日化深圳销售有限公司、环球洗涤用品深圳有限公司维护。固定资产基础资料不可跨级引用。

如图4-106所示,点击工具栏【引入】进入固定资产类别引入界面,全选后,点击工具栏【引入】。

图 4-106　固定资产类别引入

如图 4-107 所示，维护固定资产基础资料使用状态，点击【财务会计】—【固定资产】—【基础设置】—【使用状态】进入使用状态界面。

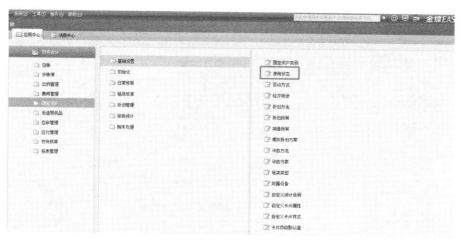

图 4-107　使用状态界面

如图 4-108 所示，点击工具栏【引入】进入使用状态引入界面，全选后，点击工具栏【引入】。

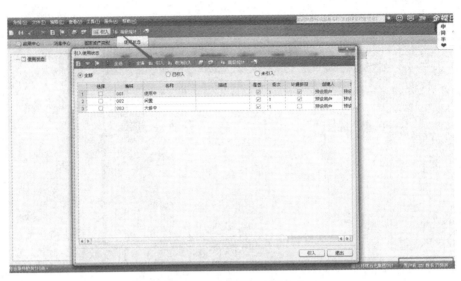

图 4-108　使用状态引入

如图 4-109 所示，维护固定资产基础资料变动方式，点击【财务会计】—【固定资产】—【基础设置】—【变动方式】进入变动方式界面。

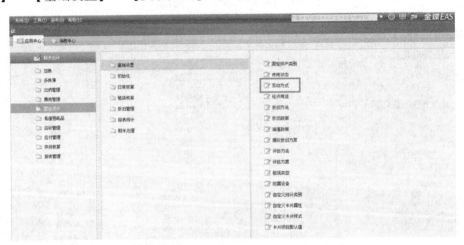

图 4-109　变动方式界面

如图 4-110 所示，点击工具栏【引入】进入变动方式引入界面，全选后，再点击工具栏【引入】。

图 4-110　变动方式引入

如图 4 111 所示，维护固定资产基础资料经济用途，点击【财务会计】—【固定资产】—【基础设置】—【经济用途】进入经济用途界面。

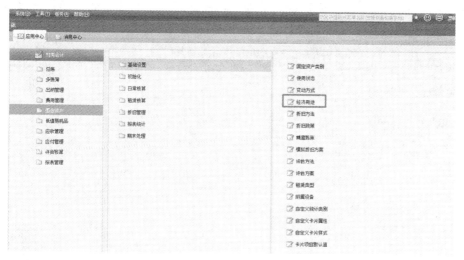

图 4-111　经济用途界面

如图 4-112 所示，点击工具栏【引入】进入经济用途引入界面，全选后，点击工具栏【引入】。

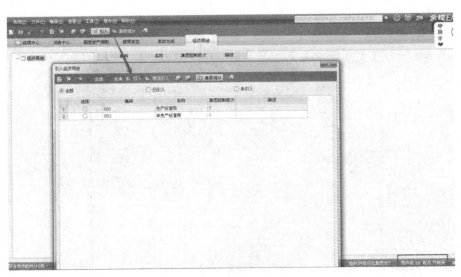

图 4-112　经济用途引入

　　切换组织到环球日化集团本部+姓名，再次操作本案例前序步骤。将基础资料引入到环球日化集团本部+姓名。

　　如图 4-113 所示，维护固定资产基础资料地址簿，点击【企业建模】—【辅助数据】—【公共数据】—【地址簿】进入地址簿界面。

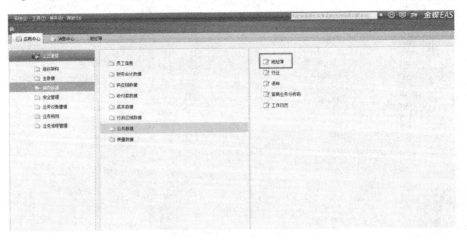

图 4-113　地址簿界面

　　维护固定资产基础资料地址簿，只需在环球日化集团维护该固定资产基础资料。

　　在左边栏选择地址类别为国内，点击工具栏【新增】地址簿，根据实验数据表 4-19 录入。如图 4-114 所示，地址编码为学号. 01，国家为中国，省份为广东，城市为深圳，地址详址为高新南十二路，录入完毕后点击【保存】。

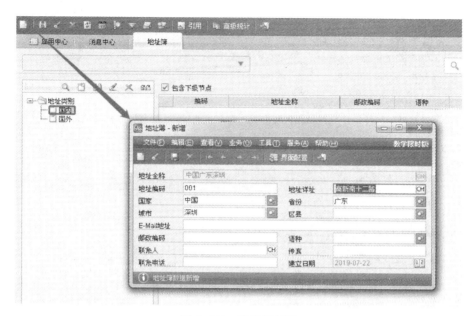

图 4-114　地址簿新增

2. 设置固定资产启用期间

固定资产启用期间设置是固定资产系统初始化的操作前提。信息管理员康路达（kld+学号）登录金蝶 EAS 客户端，切换组织到环球日化集团本部+姓名。如图 4-115 所示，点击【系统平台】—【系统工具】—【系统配置】—【系统状态控制】进入系统状态控制界面。

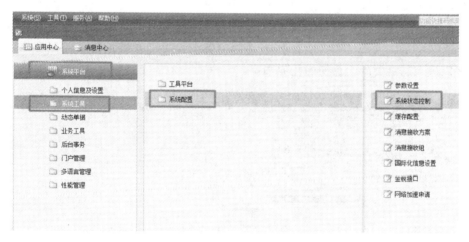

图 4-115　系统状态控制查询

如图 4-116 所示，点击固定资产启用期间栏【放大镜】进入会计期间列表，选择会计期间为 2017 年第 1 期，点击【确定】。

图 4-116　固定资产系统启用期间设置

3. 录入初始化卡片并结束初始化

固定资产卡片初始化是指固定资产期初数据的录入。环球日化集团本部固定资产会计齐振英（qzy+学号）登录金蝶 EAS 客户端，切换组织到环球日化集团本部+姓名。如图 4-117 所示，点击【财务会计】—【固定资产】—【初始化】—【固定资产卡片初始化】进入固定资产卡片初始化界面。

图 4-117　固定资产卡片初始化查询

点击工具栏【新增】固定资产卡片，根据实验数据表 4-21 录入信息。如图 4-118

所示，选择基本信息页签，资产数量为 1，计量单位为栋，来源方式为购入，使用状态为使用中，存放地点为中国广东深圳高新南十二路，经济用途为生产经营用，实物入账日期为 1996-01-01，财务入账日期为 1996-01-01，管理部门为环球日化集团+姓名，录入完毕后点击【保存】。

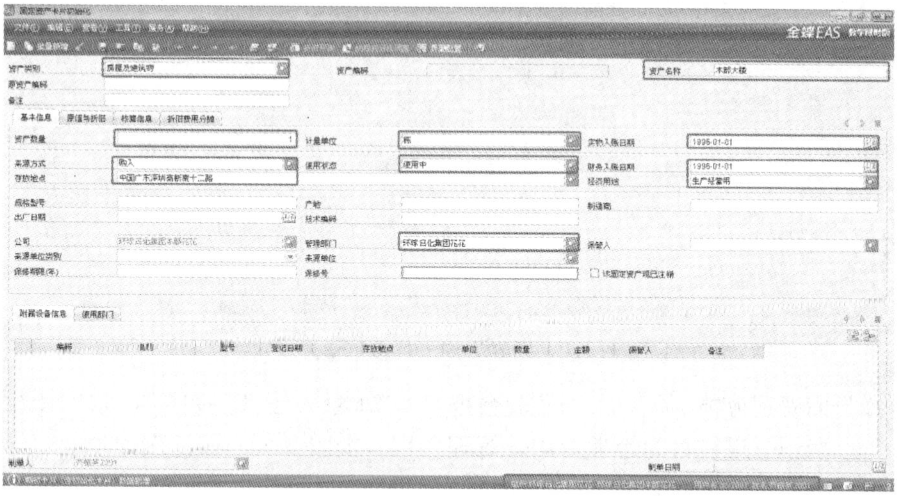

图 4-118　固定资产卡片基本信息录入

选择原值与折旧页签，根据实验数据表 4-21 录入。信息币别为人民币，原币金额为 24 000 000，交付日期为 1996-01-01，开始使用日期为 1996-01-01，已折旧期间数为 251，累计折旧为 12 317 142.86，折旧方法为平均年限法（基于原值），录入完毕后点击【保存】，如图 4-119 所示。

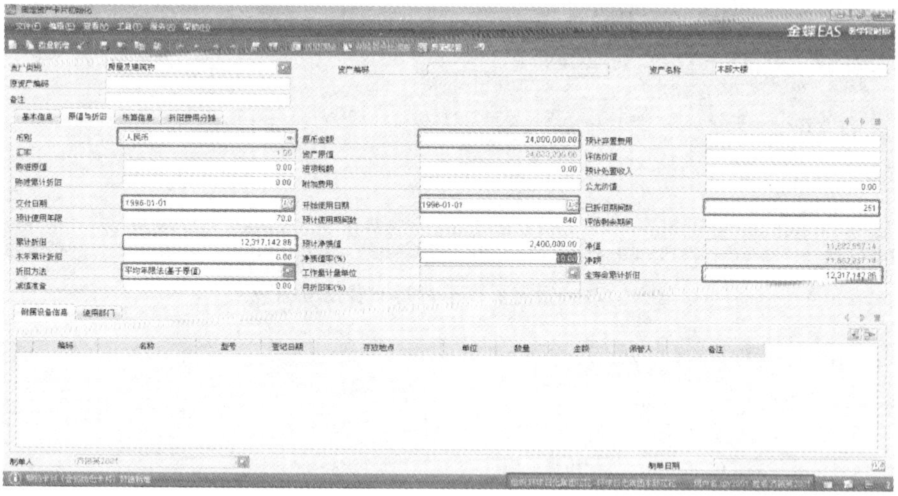

图 4-119　固定资产卡片原值与折旧录入

选择核算信息页签，根据实验数据表 4-21 录入信息。如图 4-120 所示，固定资产科目为固定资产——房屋及建筑物，累计折旧科目为累计折旧——房屋及建筑物，减值准备科目为固定资产减值准备——房屋及建筑物，使用部门为环球日化集团+姓名，录入完毕后点击【保存】。

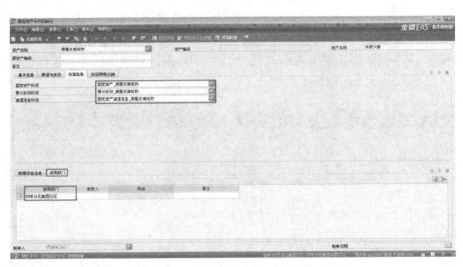

图 4-120　固定资产卡片核算信息录入

　　选择折旧费用分摊页签，根据实验数据表 4-21 录入信息。如图 4-121 和图 4-122 所示，折旧费用分摊科目为管理费用—管理费用—折旧费，分摊比例为 100%，录入完毕后点击【保存】，点击【提交】。

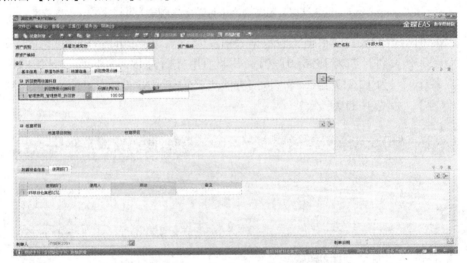

图 4-121　固定资产卡片折旧费用分摊录入

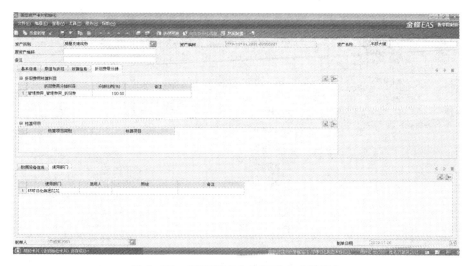

图 4-122　固定资产卡片新增完成并提交

如图 4-123 所示,在固定资产卡片初始化界面、点击工具栏【结束初始化】。

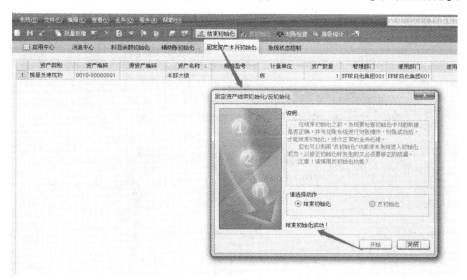

图 4-123　固定资产卡片结束初始化

4. 设置默认对账方案

固定资产对账就是将固定资产系统的业务数据(资产原值、累计折旧、减值准备)与总账系统的财务数据(对应科目余额)进行核对,以保证双方数据的一致性,保证账账相符。如图 4-124 和图 4-125 所示,点击【财务会计】—【固定资产】—【期末处理】—【期末对账】进入期末对账查询界面。选择对账期间为 2017 年 1 期,对账范围为环球日化集团本部+姓名,点击对账方案栏【放大镜】进入对账方案设置界面。

图 4-124　期末对账查询

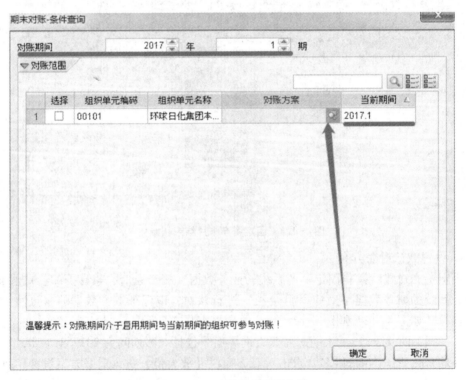

图 4-125　对账方案设置查询

根据实验数据表 4-20 录入信息。如图 4-126 所示，选择固定资产原值科目页签，点击工具栏【新增】，科目列表为 1601 固定资产。

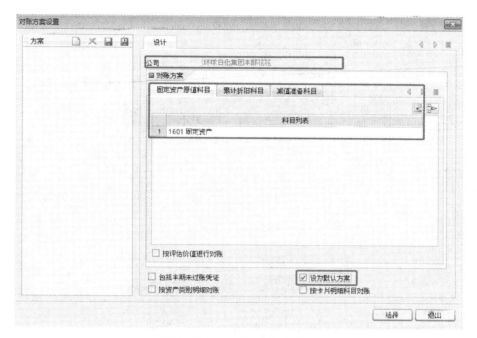

图 4-126 对账方案信息录入

如图 4-127 所示，选择累计折旧科目页签，点击工具栏【新增】，科目列表为
1602 累计折旧。

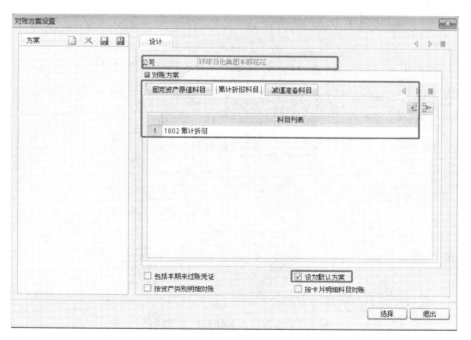

图 4-127 对账方案信息录入

如图 4-128 所示，选择减值准备科目页签，点击工具栏【新增】，科目列表为
1603 固定资产减值准备，选择设为默认方案，点击工具栏【保存】。

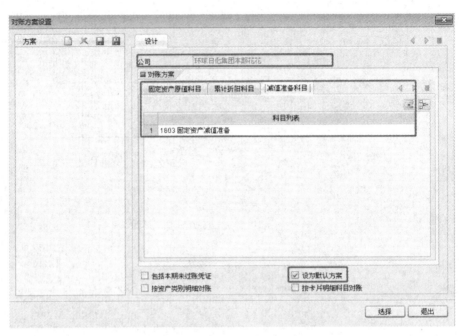

图4-128 对账方案信息录入

如图4-129所示，方案名为默认方案+学号，点击【确定】。

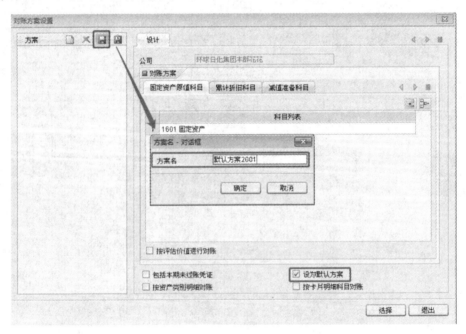

图4-129 对账方案新增完成并保存

如图4-130所示，在期末对账查询界面，选择对账范围为环球日化集团本部+姓名，对账方案为默认方案+学号，点击【确定】。

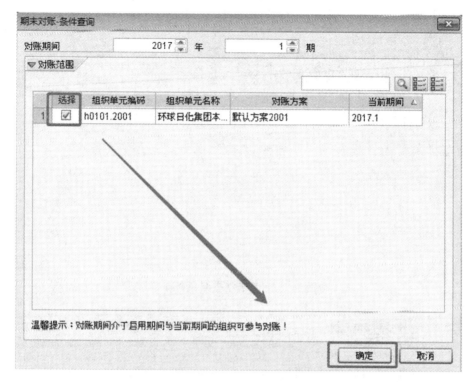

图 4-130　环球日化集团本部期末对账设置

如图 4-131 所示，在期末对账页面查看对账结果。

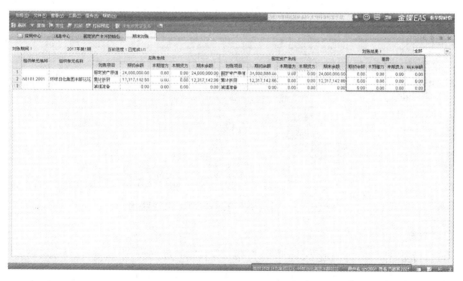

图 4-131　对账结果查询

对账不平原因：①总账系统未录入初始数据；②总账系统未结束初始化。

5. 与总账联用

固定资产与总账系统联用的目的是加强管控，方便期末进行账账核对，保证账账相符。信息管理员康路达（kld+学号）登录金蝶 EAS 客户端，切换组织到环球日化集团本部+姓名。如图 4-132 和图 4-133 所示，点击【系统平台】—【系统工具】—

【系统配置】—【系统状态控制】，选择固定资产，点击工具栏【与总账联用】完成固定资产与总账系统的联用。

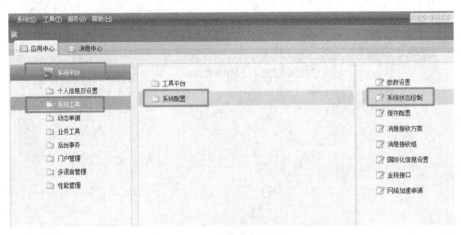

图 4-132　系统状态控制查询

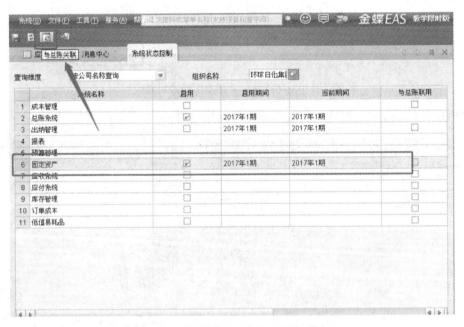

图 4-133　固定资产系统与总账系统联用

（五）任务

根据平台数据，环球日化深圳销售有限公司固定资产会计周爱民（zam+学号）完成固定资产系统初始化，并与总账联用；环球洗涤用品深圳有限公司固定资产会计崔文涛（cwt+学号）完成固定资产系统初始化，并与总账联用。

实验六：费用管理设置

（一）应用场景

费用管理没有初始化概念，无需初始化。

员工提交费用报销前必须维护个人收款信息，本案例以环球日化深圳销售有限公司销售人员贺小明（hxm+学号）为例，维护贺小明护个人收款信息。

（二）实验步骤

费用管理—收款信息维护。

（三）实验数据

本实验所需信息见表4-22。

表4-22 收款人信息

收款人	收款银行	收款账号	是否默认
报销人员姓名+学号	自定义	自定义	是

（四）操作指导

进行费用管理—收款信息维护。

费用报销后涉及收款，需由报销人员自行维护收款信息。环球日化深圳销售有限公司销售人员贺小明（hxm+学号）登录EAS客户端。如图4-134所示，点击【财务会计】—【费用管理】—【基础设置】—【收款信息】进入收款信息界面。

图4-134 收款信息界面

点击工具栏【新增】收款信息，根据实验数据表4-22录入。如图4-135所示，收款人为贺小明，收款账号建议16位数，勾选默认账号，录入完毕后点【保存】。

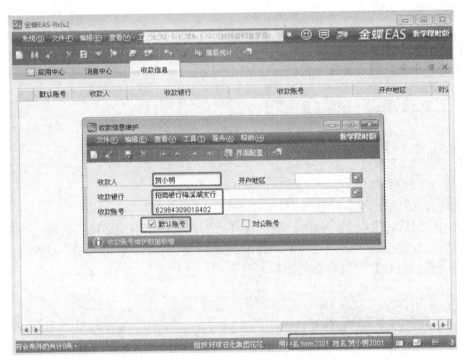

图 4-135　收款信息新增

第五章

财务流程设计

一、工作流学习

工作流就是业务流程的计算机化或自动化。业务流程主要是指日常工作中具有固定程序的活动。自动化就是用计算机将工作流程中的工作组织在一起。总体来说，工作流就是使在多个参与者之间按照某种预定义的规则自动进行传递文档、信息或任务的过程，从而实现某个预期的业务目标，或者促使此目标的实现。本案例的工作流创建使用金蝶 BOS 集成开发环境完成工作流的设计与发布。

实验一：简单工作流配置

（一）应用场景

出差申请单由经理审批且生效。

（二）实验前准备

安装完成金蝶 BOS 集成开发环境。

（三）操作步骤

1. 建立工作流连接；

2. 绘制流程；

3. 设置节点相关信息；

4. 发布流程；

5. 测试流程。

（四）操作指导

1. 建立工作流连接

如图 5-1 所示，打开桌面快捷方式，或者点击所有应用的金蝶 BOS—"金蝶 BOS 集成开发环境"图标。

图 5-1 BOS 集成开发环境

在工作空间启动程序设置默认的空间路径，如图 5-2 所示，点击【确定】进入。点击工作流连接界面左下角【将视图显示成快速视图】按钮，点击【连接】进入工作流连接界面。

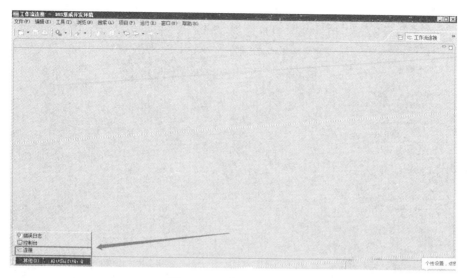

图 5-2　工作流连接查询

如图 5-3 所示，双击【工作流连接 1】配置工作流连接信息。

图 5-3　工作流连接

应用服务器地址为 EAS 服务器 ip，更新端口与 EAS 服务器端口数据统一。如图 5-4 所示，点击【刷新】更新出该服务器卜所有数据中心，勾选自己班级教师创建的数据中心。登录用户为环球日化集团管理员用户（学生姓名拼音首字母缩写），默认密码为空，勾选保存密码，点击【登录】。

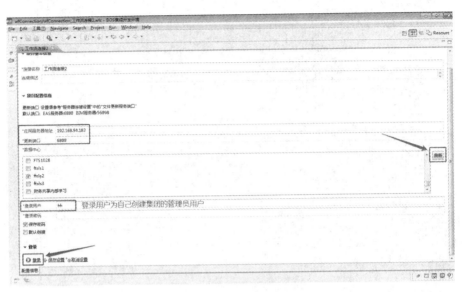

图 5-4 工作流连接信息

如图 5-5 所示，在左边窗口的流程中，选择【财务会计】—【费用管理】。

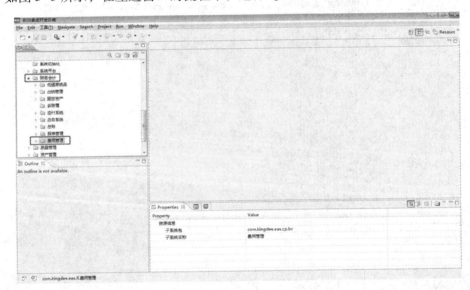

图 5-5 费用管理节点查询

如图 5-6 所示，鼠标选择费用管理节点，点击【鼠标右键】，点击【新建业务流程】进入业务流程新建界面。

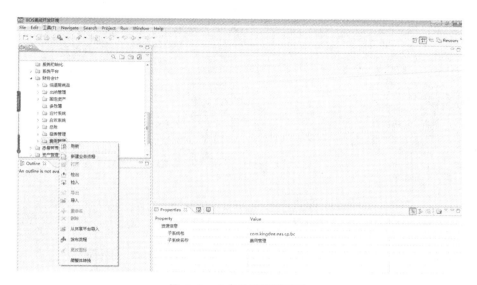

图 5-6　业务流程新建查询

录入出差申请单简单工作流程相关信息。如图 5-7 所示，流程名称为出差申请单简单工作流+姓名学号，流程编码为学号.001，创建方式为空流程，录入完毕后点击【下一步】。

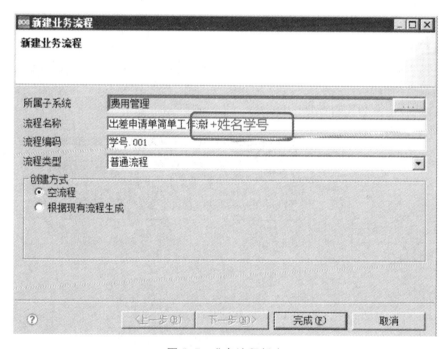

图 5-7　业务流程新建

2. 绘制流程

根据实际工作中出差申请单的审批流程，设计出差申请单工作流。如图 5-8 所示，从设计界面左边的节点组中挑选适宜的流程节点，在设计界面中用连接弧连接起来。注：一个完整的流程都是由【开始】节点为起点，以【结束】节点为流程终点，形成一个闭环的流程。

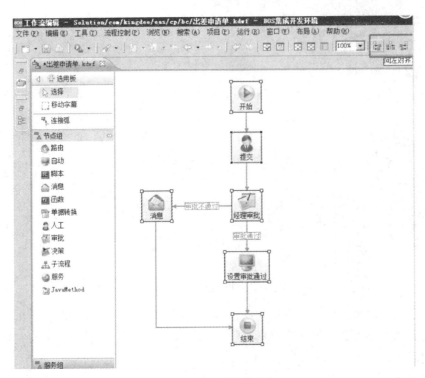

图 5-8　出差申请单流程

当流程的连接弧有分支时，需要在连接弧里设置判断条件。如图 5-9 所示，双击流程为审批不通过的连接弧分支，修改连接弧显示名称为"审批不通过"。该节点需要判断单据审批结果是否为同意，所以业务属性选择"approveresult. is pass"，比较符选择"="，比较值改为流程单据审批结果"不同意"。

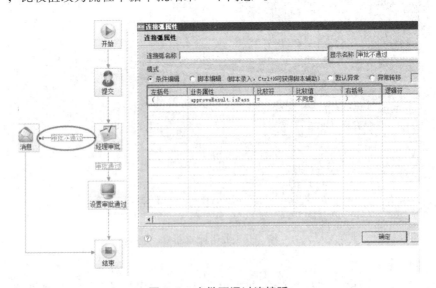

图 5-9　审批不通过连接弧

同理，双击流程为审批通过的连接弧分支，修改连接弧的显示名称为"审批通过"，将比较值修改为单据的审批结果"同意"（如图 5-10 所示）。录入完毕之后点击【确定】。

图5 10 审批通过连接弧

3. 设置节点相关信息

如图5-11所示，选择人工活动节点，在【基本】属性里修改节点名称为"提交"。点击【任务】属性，在任务页签里关联出差申请单。点击【任务名称】，下拉选择"出差申请单业务功能列表"中的"提交"选项，完成后点【确定】。

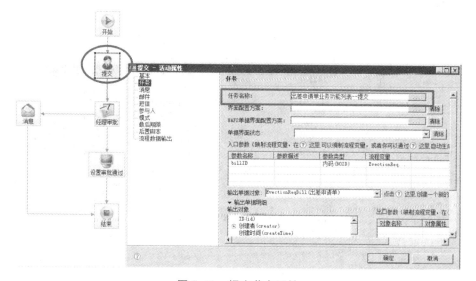

图5-11 提交节点属性

流程中使用消息节点向参与者发送消息提醒。本流程设计为当审批被驳回后会向申请人发送提醒消息。如图5-12所示，选择【消息】页签，在消息标题栏里编辑信息，文字信息和单据编码之间需要空格。录入完成后点击【确定】。

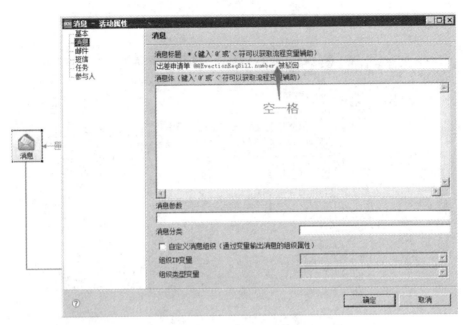

图 5-12　消息节点

　　每个流程节点都有参与人设置，参与人设置的范围决定了哪些人可以使用出差申请单流程。本流程设置为营销中心销售员使用该流程提交出差申请单。如图 5-13 所示，选择【提交】节点，参与人选择自己创建的环球日化集团组织下的营销中心销售员，录入完成后点击【确定】。

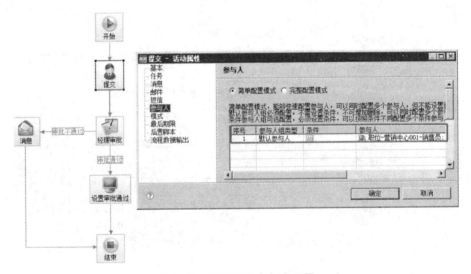

图 5-13　提交节点参与人设置

　　如图 5-14 所示，选择【经理审批】节点，将经理审批节点的参与人关联到流程发起人的直接上级，点进参与人页签，在关系界面选择关联到，流程发起人的直接上级。录入完成后点击【确定】。

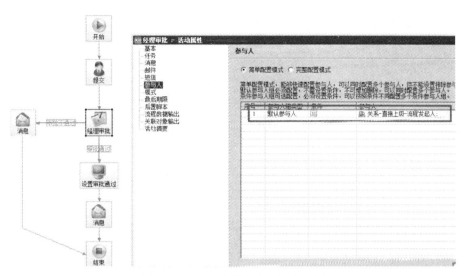

图 5-14　经理审批节点参与人设置

如图 5-15 所示，点击【设置审批通过】节点，将参与人设置为"关系—直接上级—流程发起人"。录入完成后点击【确定】。

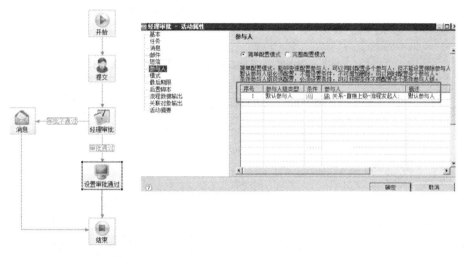

图 5-15　设置审批通过节点参与人设置

如图 5-16 所示，点击【消息】节点，设置消息节点的参与人为收到审批驳回消息的人，本流程设置为向申请人本人发送审批被驳回消息。点击参与人页签，参与人选择"关系—本人—流程发起人"，录入完成后点击【确定】。

图 5-16　消息节点参与人

如图 5-17 所示，审批通过后通常都需要修改单据状态，本流程选择一个自动节点来修改单据状态，选中该节点，在【基本】页签修改节点名称为"设置审批通过"，在【任务】页签里，任务名称选到"出差申请单业务功能列表"中"设置审批通过状态"选项。

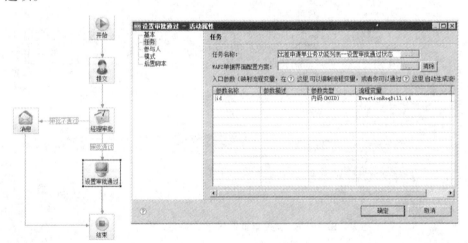

图 5-17　设置审批通过节点

如图 5-18 所示，流程设置完成后，在设计界面空白处点击右键，选到【流程校验】，检查流程是否有一些明显的错误。

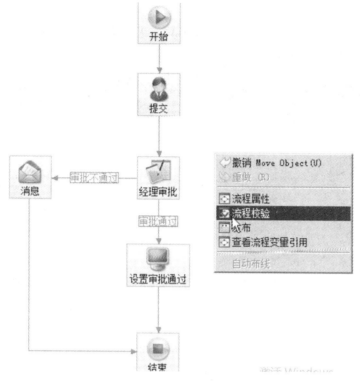

图 5-18 流程校验

4. 流程发布

如图 5-19 所示，流程校验无误后，点击右键选择【发布】，将新建的流程发布至系统中。

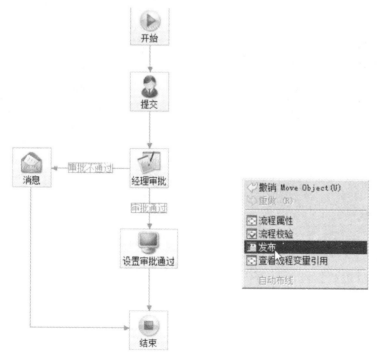

图 5-19 流程发布

5. 测试流程

启动金蝶 EAS，使用 administrator 登录 EAS，进入系统平台在流程定义表中查看流程是否启用（如图 5-20 所示）。

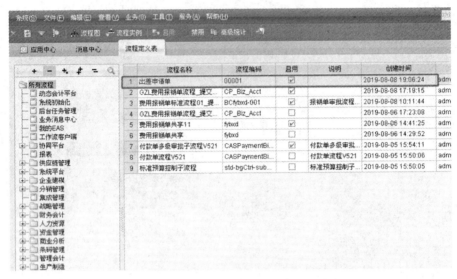

图 5-20　流程启用

如图 5-21 至图 5-22 所示，使用营销中心销售员贺小明（hxm+学号）登录 EAS 新增出差申请单，测试流程是否成功。点击【财务会计】—【费用管理】—【费用报销】—【出差申请单】，新增两张不同的出差申请单。

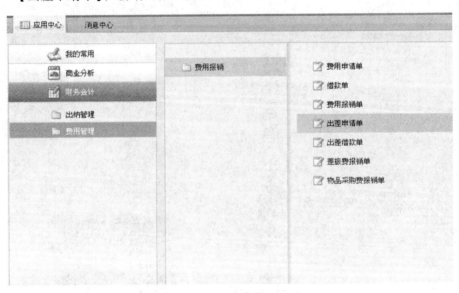

图 5-21　新增出差申请单

图 5-22　填写出差申请单

使用销售经理郝晓娇（hxj+学号）登录 EAS。点击新出现的消息，进行审批（如图 5-23 所示）。

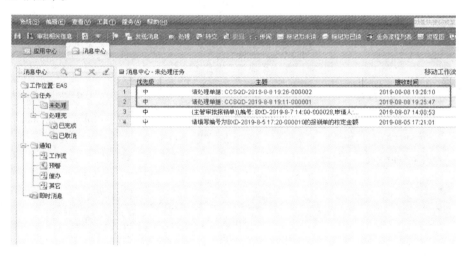

图 5-23　销售经理审批

其中一张单据选择审批"同意"（如图 5-24 所示），另一张单据选择审批"不同意"（如图 5-25 所示）。

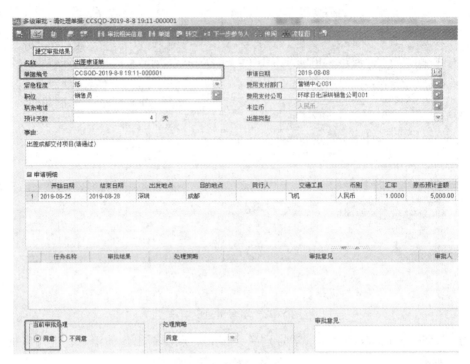

图 5-24   审批通过

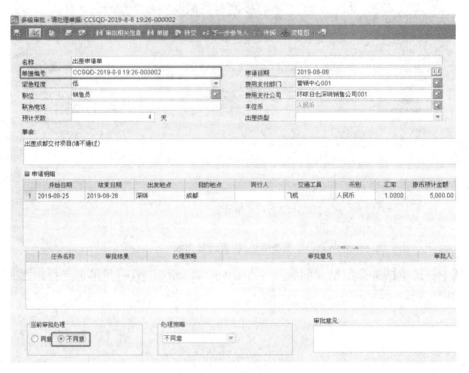

图 5-25   审批不通过

登录贺小明（hxm+学号）的账号，查看被驳回的单据的消息（如图 5-26 所示）。

图 5-26 查看单据被驳回消息

（五）任务

完成费用报销单复杂工作流的设计与发布。该流程为费用报销，判断费用报销的金额，当金额大于 5 000 元时，由总经理审批，当金额小于 5 000 元时，由销售经理审批。该流程定义发布后，以该销售员账号登录 EAS 系统，提交不同金额的费用报销单，验证该业务流程的运行。

二、业务流程设计

实验一：新增费用报销单标准流程

（一）应用场景

环球日化集团管理员用户（学生姓名拼音首字母缩写+学号）在金蝶 BOS 集成开发环境新增费用报销单标准流程，并发布流程。

（二）实验步骤

1. 使用现有流程新建新流程；

2. 修改并发布流程。

（三）实验数据

本实验所需信息见表 5-1。

表 5-1 费用报销单标准流程信息

流程名称	流程编码
费用报销单标准流程姓名+学号	学号．003

（四）操作指导

1. 使用现有流程新建新流程

如图 5-27 所示，登录金蝶 BOS 集成开发环境，在左边窗口的流程中，鼠标选择【财务会计】—【费用管理】，点击【鼠标右键】，点击【新建业务流程】进入业务流程新建界面。

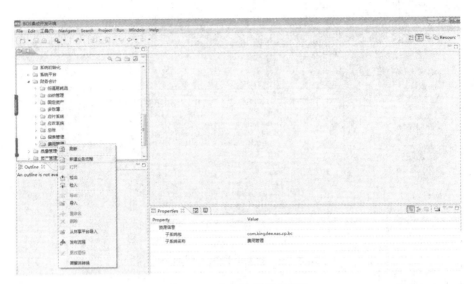

图 5-27　业务流程新建查询

　　根据实验数据费用报销单标准流程信息录入。如图 5-28 所示，流程名称为费用报销标准流程+姓名学号，流程编码为学号.003，创建方式为根据现有流程创建，录入完毕后点击【下一步】。

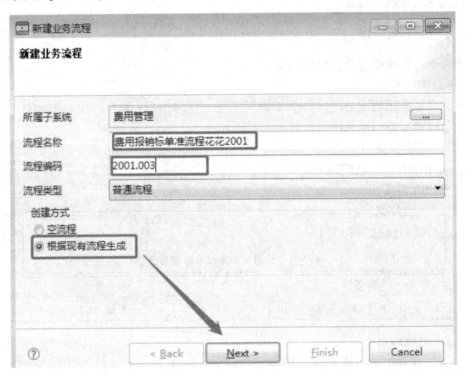

图 5-28　业务流程新建

　　如图 5-29 所示，点击【财务会计】—【费用管理】选择要复制的流程模板，名称为费用报销单标准流程，点击【结束】。

图 5-29　复制流程选择

2. 修改流程并发布

如图 5-30 所示，在费用报销单标准流程+姓名学号中，可查看流程全部节点。

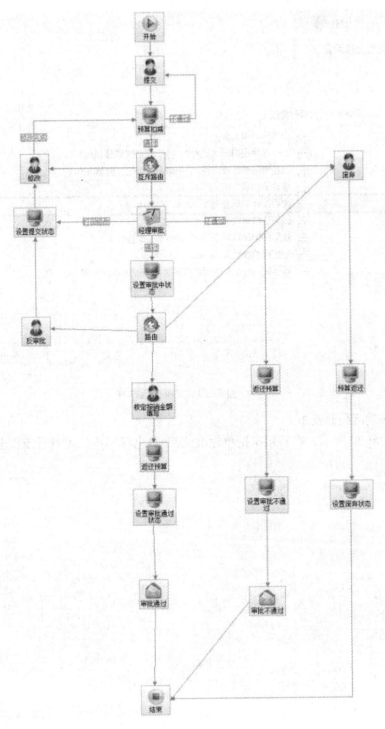

图 5-30　业务流程节点查看

双击【提交】节点，修改参与人信息，将默认的参与人删除。如图 5-31 和图 5-32 所示，新增参与人类型为职位，【环球日化集团+姓名】—【营销中心+姓名】—【销售员+学号】，修改完成后点击【确认】。

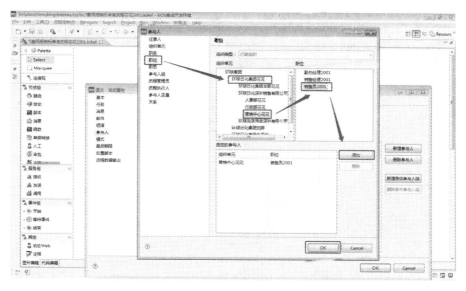

图 5-31　业务流程提交节点参与人信息修改

图 5-32　业务流程提交节点参与人信息

如图 5-33 所示，在流程的空白处点击【右键】—【发布】流程。

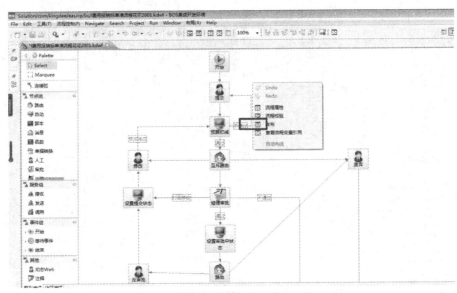

图 5-33　业务流程发布

第六章
集团共享中心建设

一、财务共享中心组织搭建

（一）集团建立财务共享的背景

1. 公司管理面临的困难及问题

2007—2009 年是环球日化集团高速增长的黄金 3 年，虽然经历了 2008 年的金融危机，但截至 2008 年年底公司在中国大陆的分公司数量增长了接近 1 倍，达到 80 多家，并且有进一步增加的趋势。但在公司高速成长的同时也暴露出不少问题：

（1）公司成本居高不下，经营质量和效率下降。在公司的外部因素方面，人工、材料、税赋及营销成本不断增长。公司各机构分散采购，无法发挥集团统采购的议价能力和价格优势；公司的人工成本占比由 2006 年的 55% 上涨到 2008 年的 64%。在公司的内部因素方面，新成立的机构都要重复设置一套包括财务在内的职能组织，资源配置不合理。

（2）分子公司各自为政，集团管控难度增加。各家分子公司的财务管理、人力管理、资源配置各自为政，没有统一的标准和规范进行协调。例如，每年年初集团总部给各分子公司确认年度经营指标时，总要持续很久，争论的焦点就在于费用是否充足，是否足以支持业务指标的达成。同时，由于各机构费用标准不统一，给成本费用的准确预测带来较大难度。

（3）方法不统一、信息不对称，总部对下属机构的评价遭遇挑战。下属机构是否准确执行了总部战略和政策，下属机构的资源配置是否符合公司战略方向，是这种集团性公司在发展过程中经常遇到的问题。特别是年度投资总结时，总部往往要反复核对、确认下属机构提供的各种经营数据，才能最终准确确认各机构、各业务线的业绩情况。

2. 财务管理面临的困难及问题

（1）财务在现代企业经营中发挥越来越大的价值和作用，但公司分散式的财务运作模式导致财务对战略支撑不足。财务人员 70% 以上的人力和时间用于日常基础业务处理，无法有效深入业务进行支持决策。

（2）财务人员无法形成专业化分工，效率不高，财务人员长期从事基础性工作，对财务价值的关注、影响和贡献很小，财务能力和价值没有得到有效发挥。

（3）财务管理和思维模式仍停留在传统职能方面，对先进经验和发展方向学习不足，已不能适应新的市场和企业环境。

（4）财务团队的管理遇到较大挑战。财务人员，特别是派驻外地的责任单位财务负责人在贯彻总部政策方面起到非常重要的作用，公司对这些财务人员的依赖和要求也较高。一旦出现人事变更，一方面影响公司业务顺利开展，另一方面需要花很大的精力去进行人员的招聘和培养，时间短的需要一两个月，时间长的甚至需要半年。

实验一：建立财务共享

（一）应用场景

2019 年年初，环球日化集团在本部规划并建立财务共享中心，管理员（学生姓名缩写+学号）在金蝶 EAS 客户端新建组织、职位、职员、用户，共享中心管理员（sscadmin）新增共享中心用户。

（二）实验步骤

1. 新建组织单元；
2. 新建岗位、职员、用户、角色；
3. 设置共享岗位。

（三）实验数据

本实验所需信息见表 6-1 至表 6-4。

表 6-1　财务共享服务中心组织属性

选中环球日化集团本部新建财务共享服务中心 编码：h0101.03.学号 名称：财务共享服务中心+姓名	行政组织	上级行政组织：环球日化集团本部+姓名； 组织层次类型：部门
	成本中心	上级成本中心：环球日化集团本部+姓名 记账委托财务组织：环球日化集团本部+姓名

表 6-2　共享职位与职员信息

人员名称/编码	所属职位/编码	所属部门
杨振兴+学号/yzx+学号	共享中心总经理学号/h03.010.学号	财务共享服务中心+姓名
马超俊+学号/mcj+学号	费用共享岗学号/h04.002.学号	财务共享服务中心+姓名
卢芳军+学号/lfj+学号	收入共享岗学号/h04.003.学号	财务共享服务中心+姓名
赖红玲+学号/lhl+学号	成本共享岗学号/h04.004.学号	财务共享服务中心+姓名
欧阳杨+学号/oyy+学号	资金共享岗学号/h04.005.学号	财务共享服务中心+姓名
樊江波+学号/fjb+学号	总账共享岗学号/h04.006.学号	财务共享服务中心+姓名
齐振英+学号/qzy+学号	固定资产共享岗学号/h04.007.学号	财务共享服务中心+姓名
刘长欢+学号/lch+学号	报表共享岗学号/h04.008.学号	财务共享服务中心+姓名

表 6-3　共享用户与角色信息

用户名称/编码	所属角色	业务组织范围
杨振兴+学号/yzx+学号	全功能角色学号	环球日化集团本部+姓名、环球日化深圳销售有限公司+姓名、环球洗涤用品深圳有限公司+姓名
马超俊+学号/mcj+学号	费用共享岗学号	环球日化集团本部+姓名、环球日化深圳销售有限公司+姓名、环球洗涤用品深圳有限公司+姓名
卢芳军+学号/lfj+学号	收入共享岗学号	环球日化集团本部+姓名、环球日化深圳销售有限公司+姓名、环球洗涤用品深圳有限公司+姓名
赖红玲+学号/lhl+学号	成本共享岗学号	环球日化集团本部+姓名、环球日化深圳销售有限公司+姓名、环球洗涤用品深圳有限公司+姓名
欧阳杨+学号/oyy+学号	资金共享岗学号	环球日化集团本部+姓名、环球日化深圳销售有限公司+姓名、环球洗涤用品深圳有限公司+姓名
樊江波+学号/fjb+学号	总账共享岗学号	环球日化集团本部+姓名、环球日化深圳销售有限公司+姓名、环球洗涤用品深圳有限公司+姓名
齐振英+学号/qzy+学号	固定资产共享岗学号	环球日化集团本部+姓名、环球日化深圳销售有限公司+姓名、环球洗涤用品深圳有限公司+姓名
刘长欢+学号/lch+学号	报表共享岗学号	环球日化集团本部+姓名、环球日化深圳销售有限公司+姓名、环球洗涤用品深圳有限公司+姓名

表 6-4　共享中心权限设置

角色编码	角色名称	角色类型	任务类型	分配组织	分配用户
01. 学号	共享中心总经理+学号	业务管理员	付款申请单 应收单 应付单 出差借款单 出纳收款单审核 出纳付款单审核 费用报销 差旅报销 借款单	环球日化集团本部+姓名、环球日化深圳销售有限公司+姓名、环球洗涤用品深圳有限公司+姓名	杨振兴+学号
02. 学号	费用共享+学号	业务员	借款单 费用报销 出差借款单 差旅报销	环球日化集团本部+姓名、环球日化深圳销售有限公司+姓名、环球洗涤用品深圳有限公司+姓名	马超俊+学号
03. 学号	收入共享+学号	业务员	应收单	环球日化集团本部+姓名、环球日化深圳销售有限公司+姓名、环球洗涤用品深圳有限公司+姓名	卢芳军+学号

表6-4（续）

角色编码	角色名称	角色类型	任务类型	分配组织	分配用户
04. 学号	成本共享+学号	业务员	应付单	环球日化集团本部+姓名、环球日化深圳销售有限公司+姓名、环球洗涤用品深圳有限公司+姓名	赖红玲+学号
05. 学号	资金共享+学号	业务员	出纳付款单审核 出纳收款单审核 付款申请单	环球日化集团本部+姓名、环球日化深圳销售有限公司+姓名、环球洗涤用品深圳有限公司+姓名	欧阳杨+学号

（四）操作指导

1. 新建组织单元

确定财务共享中心的组织属性，建共享中心组织。环球日化集团管理员（学生姓名缩写+学号）登录金蝶 EAS 客户端，搭建财务共享中心组织。

如图 6-1 和图 6-2 所示，依次点击【企业建模】—【组织架构】—【组织单元】—【组织单元】进入组织单元界面，在左边树节点选择组织环球日化集团本部+姓名，点击工具栏【新增】，根据实验数据表 6-1 录入信息。组织编码为 h0101.03. 学号，名称为财务共享服务中心+姓名；选择行政组织页签，上级行政组织为环球日化集团本部+姓名，组织层次类型为部门；选择成本中心页签，上级成本中心为环球日化集团本部+姓名，记账委托财务组织为环球日化集团本部+姓名，录入完毕后点击【保存】。

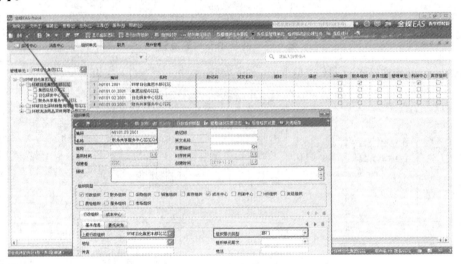

图 6-1　组织单元新增

图6-2 组织单元新增完成并保存

2. 新建职位、职员、用户、角色

管理员（学生姓名缩写+学号）在组织财务共享中心下新增职位、职员、用户、角色。如图6-3所示，依次点击【企业建模】—【组织架构】—【汇报体系】—【职位管理】进入职位管理界面，选择行政组织为财务共享服务中心+姓名，点击工具栏【新增】共享职位，根据实验数据表6-2共享职位与职员信息依次新建共享中心职位。本操作步骤可参考第四章实验二：新建职员。

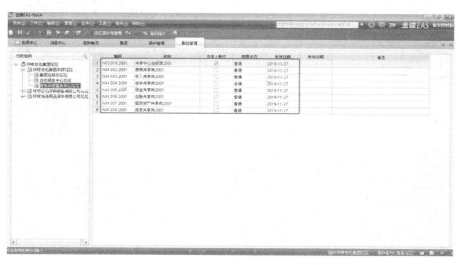

图6-3 共享职位新增

共享中心职位新建完成后还需要新建对应职位的职员。依次点击【企业建模】—【辅助数据】—【员工信息】—【员工】进入职员列表，按照实验数据表6-2录入信息，本操作步骤可参考第四章实验二：新建职员。注意：杨振兴、齐振英、樊江波是兼任共享中心岗位，在系统中担任多个职位。

例如，在财务共享中心建立前，杨振兴在环球日化集团担任首席财务官，搜索yzx，双击yzx+学号可查看职员信息（如图6-4所示）。职位分配信息栏，主要职位为首席财务官。

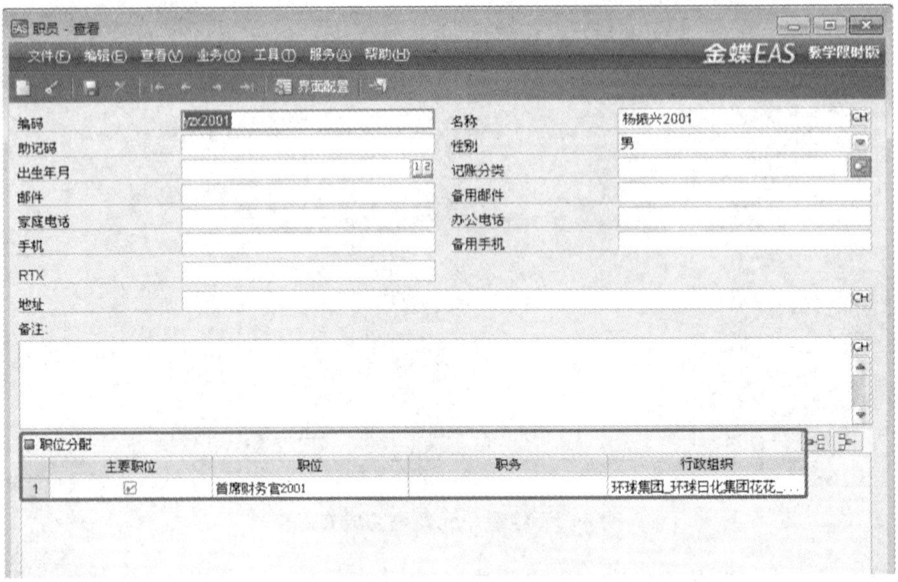

图 6-4　职员查看

如图 6-5 所示，在职员信息查看界面，点击工具栏【修改】。在职位分配栏右边，点击【新增】职位。

图 6-5　职员新增职位查询

如图 6-6 和图 6-7 所示，选择职位名称为【环球日化集团本部+姓名】—【财务共享服务中心+姓名】—【共享中心总经理+学号】，录入完毕后点击【保存】。

图 6-6　职员新增职位

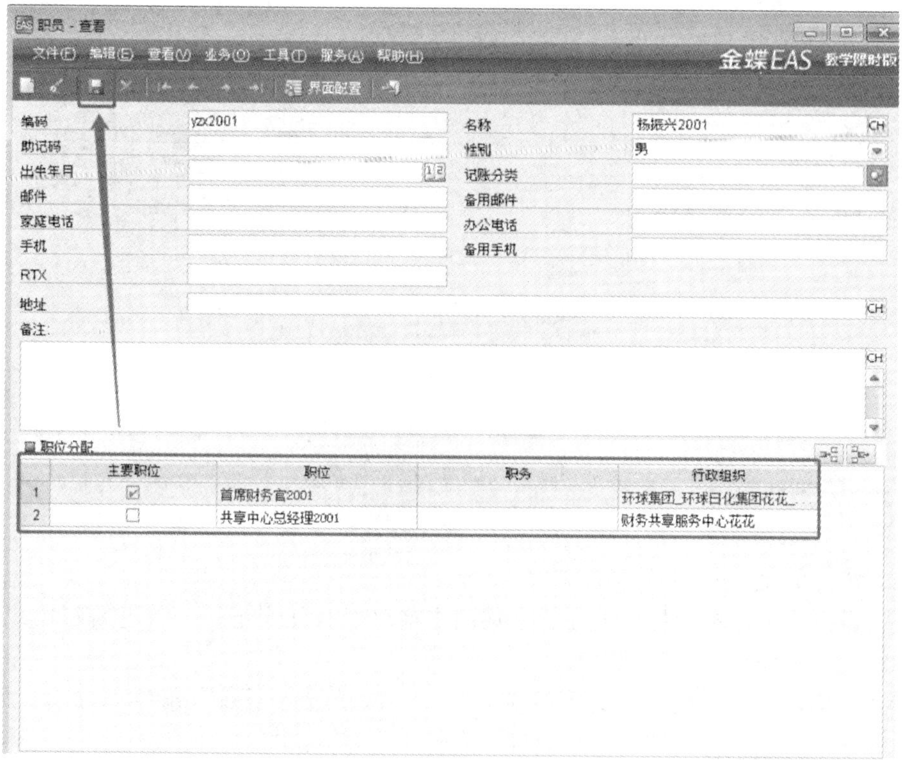

图 6-7　职员新增职位完成并保存

齐振英、樊江波也在财务共享服务中心兼任岗位，新增职位操作步骤同上。财务共享服务中心所有职员设置完毕后的菜单栏界面如图6-8所示。

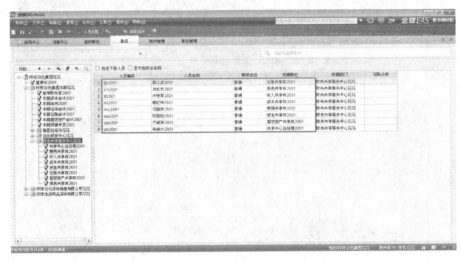

图6-8 财务共享服务中心职员新增职位

职位职员设置完毕后，新建共享用户。如图6-9所示，依次点击【企业建模】—【安全管理】—【权限管理】—【用户管理】进入用户管理界面。按照实验数据表6-3新建共享用户、批量维护用户组织范围，并分配对应角色，本操作步骤可参考第四章实验二：新建职员。

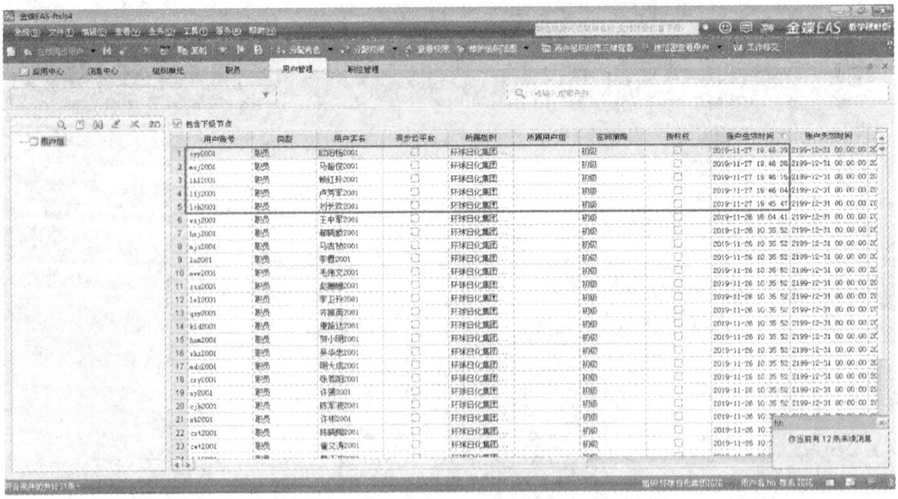

图6-9 用户管理界面

需要注意的是：

①杨振兴、齐振英、樊江波在建立集团之前已经有任岗记录，跳过新建用户环节，只需维护用户组织范围、分配权限。

②共享角色和权限在建立集团案例二中，一次性导入了所有角色和权限，无需再次新建和导入，直接分配用户角色即可。

若要批量维护用户的组织范围，可选择刚刚新建的所有共享用户，如图6-10，点击工具栏【组织范围批量增加】一次性维护所有所选用户的组织范围。

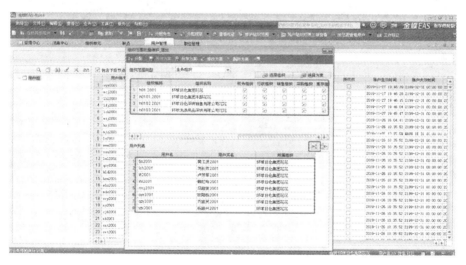

图 6-10　用户组织范围批量增加查询

如图 6-11 所示，选择组织范围类型为业务组织，点击【选择组织】加入环球日化集团+姓名下的所有组织。再点击用户列表左栏【新增】按钮，添加财务共享服务中心所有用户，点击工具栏【分配】。

图 6-11　用户组织范围批量增加

如何为一个用户，分配多个组织角色权限？以欧阳杨为例，如图 6-12 所示，选择oyy+学号，点击工具栏【批量分配角色】。

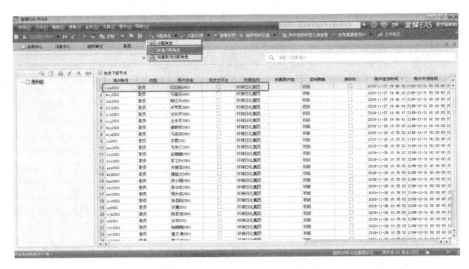

图 6-12　用户批量分配角色查询

如图 6-13 所示，点击【选择组织】加入环球日化集团+姓名下的所有组织，再添加资金共享岗，点击工具栏【分配】。

图 6-13　用户批量分配角色

根据实验数据表 6-3 给财务共享服务中心其他用户分配对应角色。

3. 新建共享角色

共享服务中心通过角色类型来划分岗位职责。由共享管理员 sscadmin 登录 EASweb 端设置。网址是 ip：6888/portal。

打开网址，选择与金蝶 EAS 客户端相同的数据中心，用户名：sscadmin，密码为空，点击【登录】（如图 6-14 所示）。

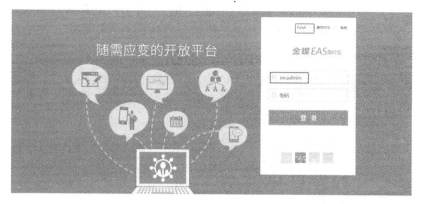

图 6-14　EAS 网页端登录

如图 6-15 所示，依次点击【应用】—【财务共享】—【共享任务管理】—【共享任务后台管理】进入共享任务后台管理界面。

图 6-15　共享任务后台管理查询

如图 6-16 所示，点击【权限管理】—【角色管理】进入角色管理界面，点击【新增】，根据实验数据表 6-4 新建共享中心角色。

图 6-16　共享中心角色新增

以费用共享角色为例，点击【新增】。如图 6-17 所示，设置编码为 02. 学号，名称为费用共享+学号，角色类型为业务员，添加任务类型为费用报销、出差借款单、差旅报销、借款单，录入完毕后点击【保存并新增】。

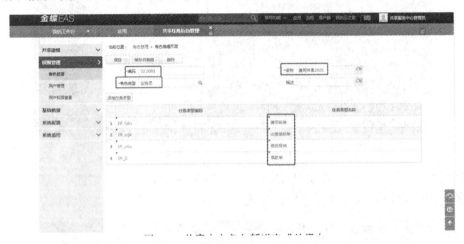

图 6-17　共享中心角色新增完成并保存

根据实验数据表 6-4 添加其他角色如图 6-18 所示。

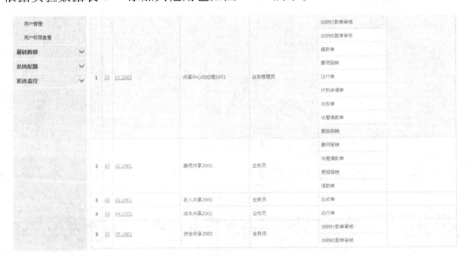

图 6-18　共享中心角色权限设置

添加全部共享角色后，返回角色管理，为新建好的角色，分配组织。如图 6-19 所示，点击右上角【搜索】，通过学号筛选出自己创建的角色，选择带自己学号的角色，点击【批量分配组织】。

注意：分配组织时一定要注意，选择带自己学号的角色，分配到自己创建的组织。在角色管理界面，通过筛选学号，筛选自己创建的角色，分配组织时，只添加自己创建集团下的组织。

图 6-19 角色管理查询

如图 6-20 所示，在给角色添加组织的界面中，选择自己所创建的集团环球日化集团+姓名，下拉点击【确定】。

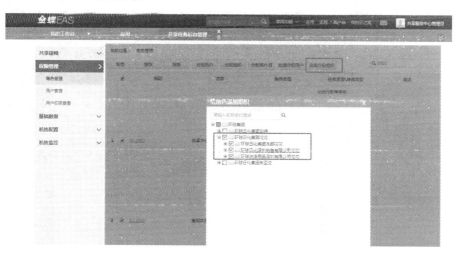

图 6-20 共享角色批量分配组织

如图 6-21 所示，依次点击【权限管理】—【用户管理】，点击【引入用户】，可引入在金蝶 EAS 客户端创建的用户。

图 6-21　引入用户查询

如图 6-22 所示，选择组织为财务共享服务中心+学号下的用户，点击【引入】，先引入共享中心的所有用户。

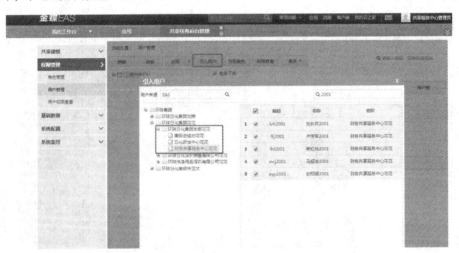

图 6-22　用户引入

再引入兼职的樊江波、齐振英、杨振兴。

注意：切换下一页时，会清空已经选择的用户，请逐页引入用户，如图 6-23 和图 6-24 所示。

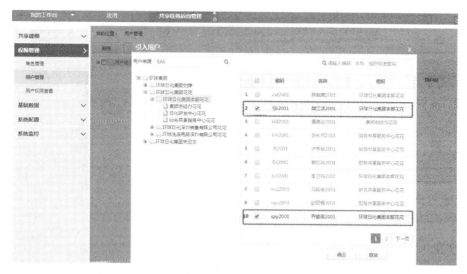

图 6-23　用户引入

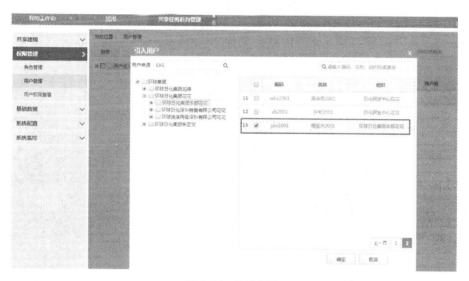

图 6-24　用户引入

通过筛选学号，可以筛选出自己引入的所有用户，如图 6-25 所示。

第六章　集团共享中心建设

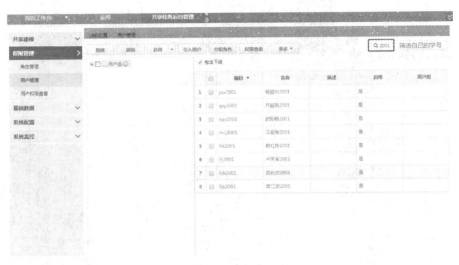

图 6-25　引入用户查看

用户引入后，为引入的用户添加角色，添加角色时，通过学号筛选到自己创建的角色，选择该用户对应的角色分配。例如，如图 6-26 所示，选择用户欧阳杨，点击【分配角色】进入给用户添加角色界面，通过学号筛选到自己创建的角色，选择资金共享+学号，点击【确定】，完成分配。

图 6-26　用户分配角色

根据实验数据表 6-4 分配对应角色。

二、建立共享流程

（一）操作指导

打开金蝶 BOS 集成开发环境，录入登录信息，选择正确的数据中心，使用自己集团创建的管理员登录操作。如图 6-27 所示，录入教师提供的 ip 地址为应用服务器地址，更新端口与 EAS 客户端的端口一致，选择实验用到的数据中心，登录用户为自己集团创建的管理员（学生姓名缩写+学号），密码为空，点击【登录】。

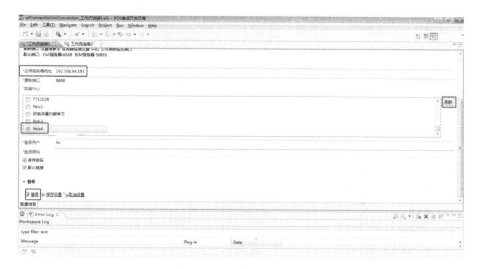

图 6-27　工作流连接信息

以费用报销单为例，如图 6-28 所示，在流程中选择节点为【财务会计】—【费用管理】，点击【鼠标右键】选择【新建业务流程】。

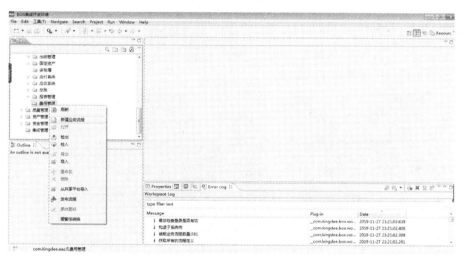

图 6-28　新建业务流程查询

根据平台实验数据表新建共享流程录入。如图 6-29 所示，流程编码为 001. 学号，流程名称为费用报销单共享+姓名学号，流程类型为普通流程，创建方式为根据现有流程生成，点击【下一步】。

第六章　集团共享中心建设

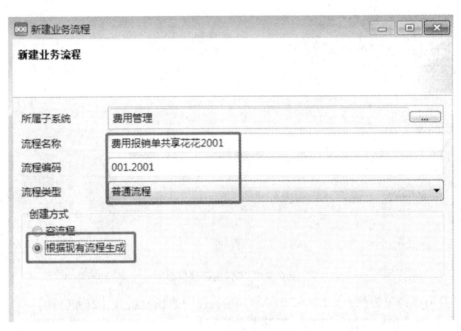

图 6-29　业务流程新建

在流程选择界面，依次点击【财务会计】—【费用管理】，选择名称为"费用报销单共享流程_ 标准 fts"的流程，点击【下一步】。

流程导入后，需要修改的内容如下：

修改提交节点的参与人。如图 6-30 所示，双击提交节点进入参与人界面，将原参与人删除，点击【新增参与人】。

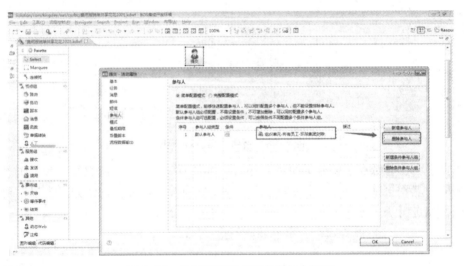

图 6-30　业务流程提交节点参与人修改

如图 6-31 和图 6-32 所示，在左侧选择参与人类型为组织单元，组织单元为环球日化集团+姓名，点击【添加】后，点击【确定】。

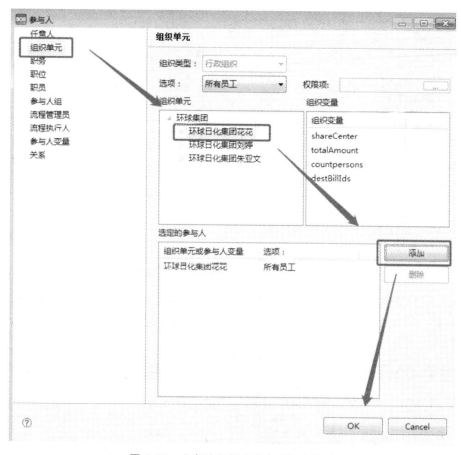

图 6-31 业务流程提交节点参与人修改

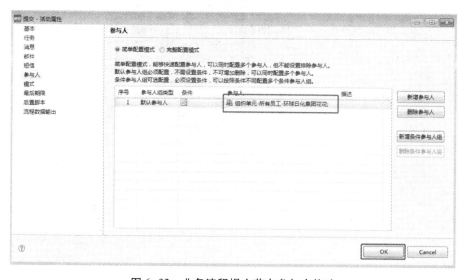

图 6-32 业务流程提交节点参与人修改

修改共享审批节点的参与人。如图 6-33 所示，双击共享审批节点进入参与人界面，将原参与人删除，点击【新增参与人】。

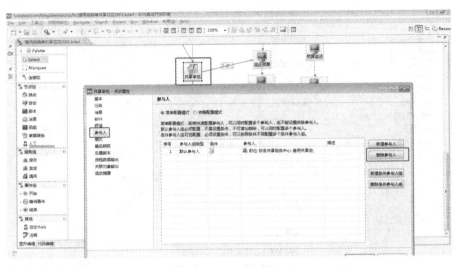

图 6-33　业务流程共享审批节点参与人修改

如图 6-34 和图 6-35 所示，在左侧选择参与人类型为职位，职位为【环球日化集团+姓名】—【财务共享服务中心+姓名】—【费用共享岗学号】，点击【添加】，点击【确定】。

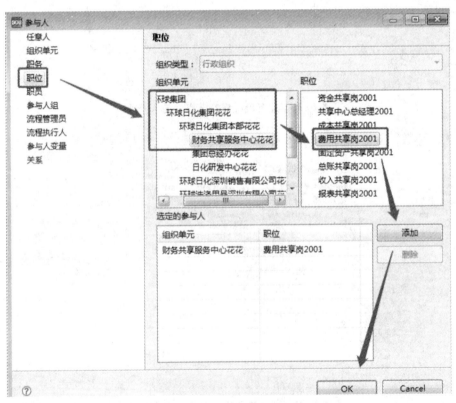

图 6-34　业务流程共享审批节点参与人修改

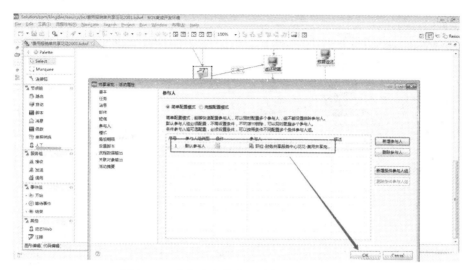

图 6-35　业务流程共享审批节点参与人修改

修改设置审批通过节点的参与人。如图 6-36 所示，双击设置审批通过节点进入参与人界面，将原参与人删除，点击【新增参与人】。

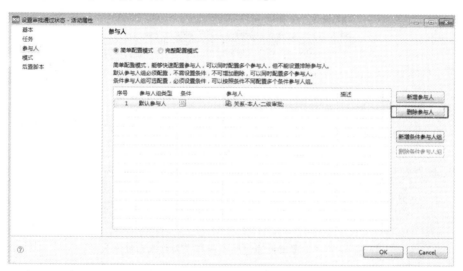

图 6-36　业务流程设置审批通过节点参与人修改

在左侧选择参与人类型为关系—活动执行人，选择活动集合为共享审批，添加后如图 6-37 和图 6-38 所示。

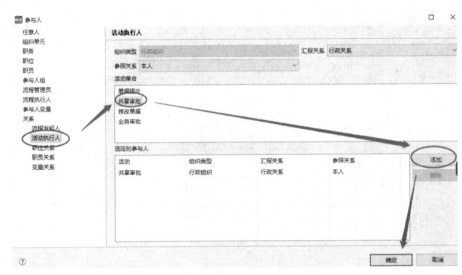

图 6-37　活动执行人设置为共享审批执行人

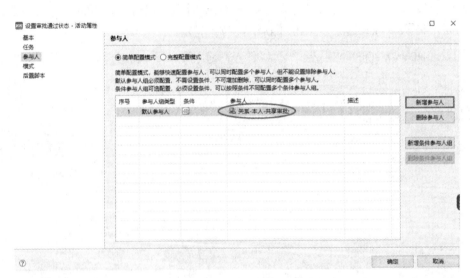

图 6-38　设置审批通过节点参与人为共享审批本人

流程设置完毕，并检查无误后，在流程空白处单击【右键】—【发布】流程。

（二）任务

根据平台数据新增完成环球日化集团所有共享业务员信息，并发布其他模块共享流程。

第三篇
财务共享实践篇

第七章

应收共享

一、模块概述

应收共享系统是财务共享管理信息系统的组成模块，全面支持 web 页面，可进行互联网式操作。在共享服务中心进行相应配置后，财务人员可以在应收任务池进行任务处理，查询已分配的单据以及任务处理进度、工作量、工作效率及排名情况等。

应收共享系统包括应收任务池、应收业务处理、收款业务处理、结算处理等模块，系统通过集中处理各业务部门及分支机构的应收单、收款单及办理结算，满足客户应收款项业务的会计核算和管理工作，有效提升服务质量和运作效率，同时实现集团范围的财务监控。

该系统可以独立运行，也可以与出纳共享、应付共享、总账共享等模块集成应用，提供更完整、全面的财务共享管理解决方案，实现业务财务一体化的高度集成。EAS 应收共享系统对集团企业及单体企业提供了应收共享的全面解决方案，主要包括以下内容：

（1）严谨的应收流程管理。支持从应收单到收款等业务流程，满足企业规范化的业务流程管理。

（2）支持多种结算模式。支持手工结算、自动结算、按核心单据行号结算、按合同号结算等多种结算模式，满足企业多种经营管理的需要。且支持根据存储的自动结算方案，自动处理。

（一）应收模块与其他模块的集成

应收共享系统与出纳共享、应付共享、总账共享等各业务系统一体化集成（如表7-1所示），保障业务信息与财务信息的高度同步与一致性，为企业决策层提供实时的业务管理信息。

表 7-1　应收共享与其他模块集成

相关模块	集成内容
出纳共享	应收共享的收款单可以进出纳共享序时簿进行功能应用
应付共享	应收共享与应付共享，可以进行往来转移的应用

表7-1（续）

相关模块	集成内容
总账共享	应收共享的数据，可以生成凭证，进入总账共享，且可参与总账的记账中心、对账中心、结账中心的业务处理
应收管理	多组织，批量支持应收管理的功能

（二）应收任务池

1. 应收任务池概述

应收任务池可提供一站式任务处理和绩效分析。应收任务池可方便往来财务人员实时了解待处理的任务，并提供链接切换进行业务处理。此外，应收任务池还可以通过报表统计往来财务人员的任务处理进度、工作量、工作效率及排名情况。

2. 应收任务池的主要功能

往来财务人员可以通过首页（工作台），查看本人需要处理的任务，包括已超期、处理中和待分配的单据。同时系统提供列表页面，从不同维度展示不同业务类型（单据）的处理情况；提供应收单及收款单序时簿页面。系统显示按规则自动分配的审批任务，支持查询单据、影像、流程图及进行审核操作；提供任务进度统计表、个人任务统计表、个人任务排名表等报表查询，清晰地展示往来财务人员的任务处理进度、工作量、工作效率及排名情况。

3. 应收任务池业务流程

查看单据的处理情况，主要是看待处理情况。

处理单据，支持查询单据、影像、流程图及进行审核操作。

（三）应收单

1. 应收单概述

应收单是用来确认债权的单据。它与传统意义上的发票不完全相同。因为确认债权的产生，有可能是出库即确认债权，不需要开出发票。系统采用应收单来统计应收的发生，也是通过应收单生成凭证传递到总账。

2. 应收单的主要功能

应收单的主要功能有：①可维护销售发票、销售费用发票、其他应收单、应收借贷项调整单等多种类型的应收单；②支持价外税、价内税的多种算法，且价外税算法支持以含税字段计算不含税字段，或者以不含税字段计算含税字段等有效规避尾差的处理。

（四）审批规则

1. 金蝶财务共享应用实践平台案例——应收单

（1）适用范围：企业发生销售业务时，填写应收单确认应收款项。

（2）主要审批规则：①税额要与发票税额一致；②需上传盖章生效的销售合同扫描件；③发票均需要盖章生效的增值税专用专票，且开票方与往来户一致。

2. 金蝶财务共享应用实践平台案例——收款单

（1）适用范围：企业收到往来款项时，填写收款单记录收款情况。

（2）主要审批规则：①已收到款项需提供银行结算票据；②收款单结算方式与银行结算票据需一致；③收款类型需要根据业务真实情况进行填写。

3. 金蝶财务共享应用实践平台案例——应收收款结算

（1）适用范围：企业发生销售业务时，填写应收单确认应收款项，收到款项后关联生成收款单并进行收款结算。

（2）主要审批规则：①税额要与发票税额一致；②需上传盖章生效的销售合同扫描件；③发票均需要盖章生效的增值税专用专票，且开票方与往来户一致；④已收到款项需提供银行结算票据；⑤收款单结算方式与银行结算票据需　致；⑥收款类型需要根据业务真实情况进行填写。

二、实验练习

实验一：确认应收业务

（一）应用场景

应收单是确认债权的重要凭据；应收单若与物流系统联用，应收单审核时，可以反写核心单据行号的累计应收信息，供用户围绕核心单据进行管理；应收单可以关联生成收款单，且在收款时系统会自动结算，供用户进行准确的往来管理。

（二）实验数据

7 月 3 门，环球日化深圳销售有限公司赊销 1 000 瓶 220 ml 煽油顺滑洗发露（去屑系列）给客户深圳盼盼洗涤用品贸易公司，税率为 13%，含税单价为 22.6 元，确认应收款 22 600 元，计划 20 天后收款。环球日化深圳销售有限公司往来会计毛文伟（mww+学号）提交应收单。

（三）操作指导

1. 应收单提交

环球日化深圳销售有限公司往来会计毛文伟提交应收单。毛文伟进入 EASweb 端，用户名为 mww+学号，密码为空，点击【登录】进入我的工作台页面。点击【毛伟文】—【组织-切换】切换组织为环球日化深圳销售有限公司+姓名。

如图 7-1 所示，点击【应用】—【财务会计】—【应收管理】—【应收单新增】新增应收单。

图 7-1　应收单新增

根据实验数据录入应收单。如图 7-2 所示，单据日期为 2019-07-03，往来户为深圳盼盼洗涤用品贸易公司+学号；物料为 220ml 焗油顺滑洗发露（去屑系列），计量单位为瓶，数量为 1 000，含税单价为 22.6，税率为 13%，应收日期为 2019-07-23；添加附件：销售发票、销售合同，录入完毕后点击【提交】。

图 7-2 应收单录入

2. 应收单业务审批

环球日化深圳销售有限公司销售经理郝晓娇业务审批应收单。郝晓娇进入 EASweb 端，用户名为 hxj+学号，密码为空，点击【登录】进入我的工作台页面。

如图 7-3 所示，点击【流程】—【待办任务】—【常规待办】进入常规待办任务页面。

图 7-3 常规待办任务查询

如图 7-4 所示，双击刚刚提交的应收单（通过应收单据编号确认）进入单据审批页面，审批处理选择同意，点击【提交】。

图 7-4　应收单业务审批

3. 应收单共享审批

收入共享岗卢芳军共享审批应收单。卢芳军进入 EASweb 端，用户名为 lfj+学号，密码为空，如图 7-5 所示，点击【登录】进入我的工作台页面。点击【应用】—【财务共享】—【应收共享】—【应收任务池】进入应收任务池页面。

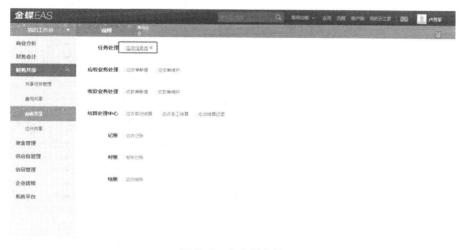

图 7-5　应收任务池

如图 7-6 和图 7-7 所示，点击【我的任务】—【应收单】—【更多】—【获取任务】获取应收单，双击相应单据（通过应收单据编号确认）进入单据处理页面，收入共享岗根据财务审批规则审批该案例，本案例审批通过，点击【提交】。

图7-6　应收单获取

图7-7　应收单共享审批

4. 应收单生成凭证

收入共享岗卢芳军关联应收单生成凭证。点击【卢芳军】—【组织-切换】切换组织为环球日化深圳销售有限公司+姓名。

如图7-8所示，点击【应用】—【财务共享】—【应收共享】—【应收单维护】进入应收单维护页面。

图 7-8　应收单维护

选择组织为坏球日化深圳销售有限公司+姓名，日期为 2019-07-01 至 2019-07-31，点击【确定】筛选应收单。如图 7-9 所示，勾选相应单据（通过应收单据编号确认），点击【生成凭证】进入凭证编辑页面。

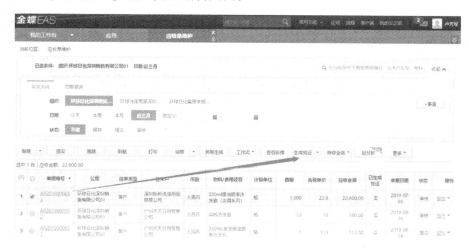

图 7-9　应收单生成凭证

根据案例背景录入相关信息。如图 7-10 所示，记账日期为 2019-07-03，业务日期为 2019-07-03，录入完毕后点击【提交】。

第七章　应收共享

图 7-10　凭证录入完成并提交

5. 凭证审核

总账共享岗樊江波审核记账凭证。樊江波进入 EASweb 端，用户名为 fjb+学号，密码为空，点击【登录】进入我的工作台页面。点击【樊江波】—【组织-切换】切换组织为环球日化深圳销售有限公司+姓名，点击【确定】。

如图 7-11 所示，点击【应用】—【财务共享】—【总账共享】—【凭证查询】进入凭证查询页面。

图 7-11　凭证查询

选择组织为环球日化深圳销售有限公司+姓名，日期为 2019-07-03 至 2019-07-04，点击【确定】筛选凭证。勾选相应凭证（通过凭证编号确认），点击【审核】，如图 7-12 所示。

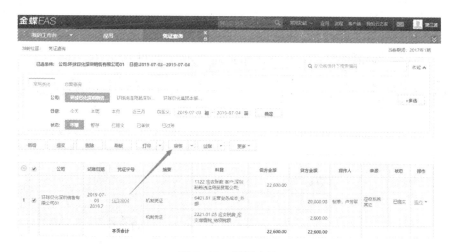

图 7-12　凭证审核

实验二：债权转移

（一）应用场景

债权转移是将原对 A 的债权转移为对 B 的债权。债权转移仅仅用于转移到 B，但是 B 并没有付款的情况。

（二）实验数据

7 月 9 日，深圳日日用品贸易公司合并深圳盼盼洗涤用品贸易公司，原深圳盼盼洗涤用品贸易公司债务转移到深圳日日用品贸易公司。环球日化深圳销售有限公司往来会计毛文伟（mww+学号）确认债权转移。

（三）操作指导

1. 债权转移

环球日化深圳销售有限公司往来会计毛文伟确认债权转移。毛文伟进入 EASweb 端，用户名为 mww+学号，密码为空，点击【登录】进入我的工作台页面。点击【毛伟文】—【组织-切换】切换组织为环球日化深圳销售有限公司+姓名。

如图 7-13 所示，点击【应用】—【财务会计】—【应收管理】—【应收单维护】进入应收单维护页面。

图 7-13　应收单维护

选择组织为环球日化深圳销售有限公司+姓名，日期为 2019-07-01 至 2019-07-31，点击【确定】筛选应收单。勾选相应凭证（通过应收单据编号确认），点击【转移业务】—【债权转移】进入应收单编辑页面，如图 7-14 所示。

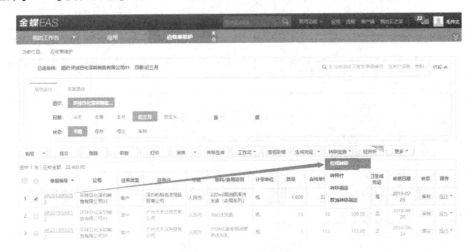

图 7-14　债权转移

根据案例背景修改相关信息，如图 7-15 至图 7-17 所示，单据日期为 2019-07-09，往来户为深圳日日用品贸易公司+学号，修改完毕后点击【提交】。

图 7-15　应收单修改

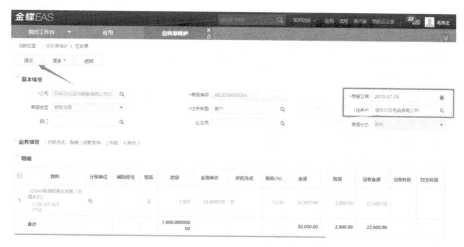

图 7-16 应收单修改完成并提交

图 7-17 应收单债权转移

实验三：应收折让

（一）应用场景

应收折让是处理销售折让业务的功能。销售折让是指由于商品的质量、规格等不符合要求，销售单位同意在商品价格上给予的减让。

（二）实验数据

7 月 12 日，环球日化深圳销售有限公司赊销 300 瓶 520 ml 香熏去屑修护洗发乳给深圳日日用品贸易公司，税率为 13%，含税单价为 27.12 元/瓶，确认应收款 8 136 元，计划 10 天后收款。7 月 15 日，深圳日日用品贸易公司收到商品后，发现有 10 瓶 520 ml 香熏去屑修护洗发乳规格不符合要求，反馈后，环球日化深圳销售有限公司给予深圳日日用品贸易公司 5% 的折让，环球日化深圳销售有限公司往来会计毛文伟（mww+学号）提交应收单。

（三）操作指导

1. 应收折让

环球日化深圳销售有限公司往来会计毛文伟确认应收折让。参照前序实验步骤，先完成该销售业务的应收单提交、应收单业务审批、应收单共享审批、凭证生成及凭证审核等流程。凭证审核完成后，毛文伟进入 EASweb 端，用户名为 mww+学号，密码为空，点击【登录】进入我的工作台页面。点击【毛伟文】—【组织-切换】切换组织为环球日化深圳销售有限公司+姓名。如图 7-18 所示，点击【应用】—【财务会计】—【应收管理】—【应收单维护】进入应收单维护页面。

图 7-18　应收单维护

选择组织为环球日化深圳销售有限公司+姓名，日期为 2019-07-01 至 2019-07-31，点击【确定】筛选应收单。如图 7-19 所示，勾选相应单据（通过应收单据编号确认），点击【更多】—【折让】进入应收单编辑页面。

图 7-19　应收折让

根据案例背景修改相关信息，如图 7-20 所示，单据日期为 2019-07-15，明细应收金额为-406.8，修改完毕后点击【提交】。

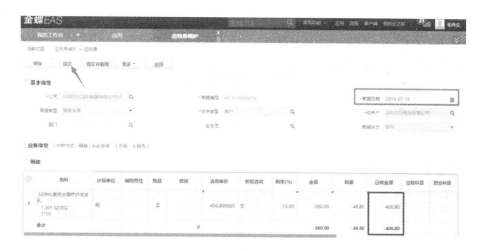

图 7-20　应收单修改完成并提交

提交后的界面如图 7-21 所示。

图 7-21　应收折让

实验四：应收调整

（一）应用场景

处理不调整应收数量但需要调整应收金额业务的功能。

（二）实验数据

8 月 18 日，环球日化深圳销售有限公司参加"818 购物节"，其促销活动为满 5 000 减 300，满 10 000 减 800，满 20 000 减 2 000。8 月 10 日，广州佳佳化妆品贸易公司向环球日化深圳销售公司赊购 1 000 瓶 420 ml 葡萄多酚儿童洗手液，含税单价为 13.56 元/瓶，税率为 13%，计划 15 天后收款。在 10 日保价范围内，环球日化深圳销售公司给与广州佳佳化妆品贸易公司 800 元优惠，调整应收款为 12 760 元，环球日化深圳销售有限公司往来会计毛文伟（mww+学号）提交应收单。

（三）操作指导

1. 应收调整

根据前序实验步骤，先完成该销售业务的应收单提交、应收单业务审批、应收单共享审批、凭证生成及凭证审核等流程。凭证审核完成后，环球日化深圳销售有限公司往来会计毛文伟确认应收折让。毛文伟进入 EASweb 端，用户名为 mww+学号，密码为空，点击【登录】进入我的工作台页面。点击【毛伟文】—【组织-切换】切换组织为环球日化深圳销售有限公司+姓名。

如图 7-22 所示，点击【应用】—【财务会计】—【应收管理】—【应收单维护】进入应收单维护页面。

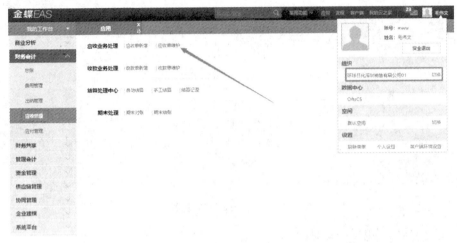

图 7-22 应收单维护

选择组织为环球日化深圳销售有限公司+姓名，日期为 2019-08-01 至 2019-08-31，点击【确定】筛选应收单。如图 7-23 所示，勾选相应单据（通过应收单据编号确认），点击【更多】—【调整】进入应收单编辑页面。

图 7-23 应收调整

根据案例背景修改相关信息，如图 7-24 所示，单据日期为 2019-08-18，明细应收金额为-800，修改完毕后点击【提交】。

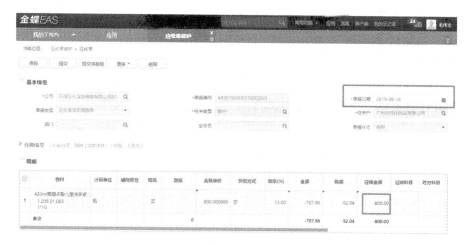

图 7-24　应收单修改完成并提交

提交后的界面如图 7-25 所示。

图 7-25　应收调整

实验五：应收冲销

（一）应用场景

应收冲销具有处理冲销业务的功能。冲销就是将两个因素一样，形成的原因一样，但由于记账错误形成的业务记录进行对冲。

（二）实验数据

8 月 20 日，环球日化深圳销售有限公司赊销 2 000 瓶 220 ml 焗油顺滑洗发露（去屑系列）给湖南明珠化妆品有限公司，含税单价为 23.73 元/瓶，税率为 13%，计划 20 天后收款。湖南明珠化妆品有限公司由于发展迅速合并湖南多家小型化妆品有限公司，目标成为湖南规模最大的化妆品有限公司。9 月 1 日，湖南明珠化妆品有限公司改名为湖南东方明珠化妆品有限公司，往来会计毛伟文（mww+学号）做往来冲销。

（三）操作指导

1. 应收冲销

参照根据前序实验步骤，先完成该销售业务的应收单提交、应收单业务审批、应收单共享审批、凭证生成及凭证审核等流程。凭证审核完成后，环球日化深圳销售有限公司往来会计毛文伟确认应收折让。毛文伟进入 EASweb 端，用户名为 mww+学号，密码为空，点击【登录】进入我的工作台页面。点击【毛伟文】—【组织-切换】切换组织为环球日化深圳销售有限公司+姓名。如图 7-26 所示，点击【应用】—【财务会计】—【应收管理】—【应收单维护】进入应收单维护页面。

图 7-26　应收单维护

选择组织为环球日化深圳销售有限公司+姓名，日期为 2019-08-01 至 2019-08-31，点击【确定】筛选应收单。如图 7-27 所示，勾选相应单据（通过应收单据编号确认），点击【更多】—【冲销】。

图 7-27　应收冲销设置界面

设置成功后界面如图 7-28 所示。

图 7-28　应收冲销

实验六：应收单整单折扣

（一）应用场景

应收单整单折扣用于处理分录行很多的应收单，可以提供整单折扣功能，且系统会自动根据用户录入的折扣分摊到每一行分录上。

（二）实验数据

11 月 11 日，环球日化深圳销售公司参与"双 11"促销活动：满 10 000 元有 9 折优惠，满 20 000 元有 8 折优惠。成都贝贝商贸有限公司赊购 500 瓶 220 ml 屑根净深度滋养洗发水 L（含税单价为 28.25 元/瓶）和 500 瓶 220 ml 屑根净清爽止痒洗发水 L（含税单价为 24.86 元/瓶），税率为 13%。购买金额达 26 555 元享受 8 折优惠（整单折扣后商品 220 ml 屑根净深度滋养洗发水 L 共优惠 2 825 元、220 ml 屑根净清爽止痒洗发水 L 共优惠 2 486 元）确认应收款 21 244 元，环球日化深圳销售有限公司往来会计毛文伟（mww+学号）提交应收单。

（三）操作指导

1. 应收单整单折扣

环球日化深圳销售有限公司往来会计毛文伟提交应收单。毛文伟进入 EASweb 端，用户名为 mww+学号，密码为空，点击【登录】进入我的工作台页面。点击【毛伟文】—【组织-切换】切换组织为环球日化深圳销售有限公司+姓名。如图 7-29 所示，点击【应用】—【财务会计】—【应收管理】—【应收单新增】新增应收单。

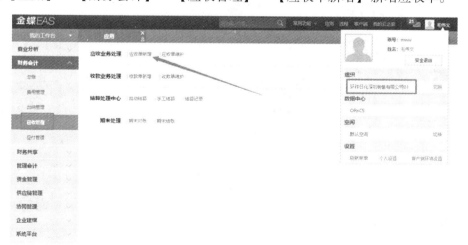

图 7-29　应收单新增

根据实验数据录入应收单。单据日期为 2019-11-11，往来户为成都贝贝商贸有限公司+学号；物料为 220 ml 屑根净深度滋养洗发水 L，计量单位为瓶，数量为 500，含税单价为 28.25 元，税率为 13%。物料为 220 ml 屑根净清爽止痒洗发水 L，计量单位为瓶，数量为 500，含税单价为 24.86 元/瓶，税率为 13%；添加附件：销售发票、销售合同。

如图 7-30 和图 7-31 所示，录入完毕后点击【更多】—【整单折扣】进入整单折扣页面，整单折扣金额为 5 311 元，点击【确认】后【提交】应收单。

图 7-30 应收单整单折扣

图 7-31 应收单录入完成并提交

实验七：销售回款

(一) 应用场景

销售回款结算：应收单和收款单结算。

对于关联应收单生成的收款单，系统将在收款单进行收款操作时，进行自动结算，生成销售回款的结算记录；对于没有通过关联关系自动结算和按核心单据号自动匹配结算的应收单和收款单，可通过销售回款结算进行结算。

自动结算：由系统自动查找应收单与收款单的匹配数据，进行结算。

手工结算：手工选择应收单和收款单进行结算，同时支持同币种结算和异币种结算。

（二）实验数据

9 月 12 日，环球日化深圳销售有限公司赊销 500 瓶 260 ml 香熏丝质垂顺洗发乳给福州佳佳洗涤用品公司，含税单价为 47.46 元/瓶，税率为 13%，确认应收款为 23 730 元，9 月 15 日网银收到货款。环球日化深圳销售有限公司往来会计毛文伟（mww+学号）提交应收单。

（三）操作指导

1. 关联生成收款单

根据前序实验步骤，先完成该销售业务的应收单提交、应收单业务审批、应收单共享审批、凭证生成及凭证审核等流程。凭证审核完成后，收入共享岗卢芳军关联应收单生成收款单。卢芳军进入 EASweb 端，用户名为 lfj+学号，密码为空，点击【登录】进入我的工作台页面。

如图 7-32 所示，点击【应用】—【财务共享】—【应收共享】—【应收单维护】进入应收单维护页面。

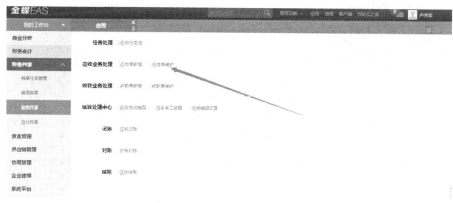

图 7-32　应收单维护

选择组织为环球日化深圳销售有限公司+姓名，日期为 2019-09-01 至 2019-09-31，点击【确定】筛选应收单。如图 7-33 所示，勾选相应单据（通过应收单据编号确认），点击【关联生成】。

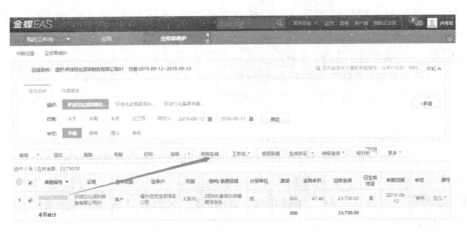

图 7-33　应收单关联生成收款单

选择目标单据为收款单，转换规则为应收单生成收款单，如图 7-34 所示，点击【确定】进入收款单编辑页面。

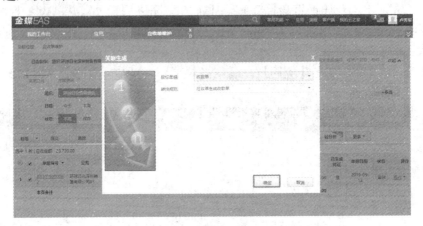

图 7-34　转换规则应收单生成收款单

根据案例背景录入相关信息，如图 7-35 所示，单据日期为 2019-09-15，选择收款账户，录入完毕后点击【提交】。

图 7-35　收款单录入完成并提交

2. 收款单共享审批

资金共享岗欧阳杨共享审批收款单。欧阳杨进入EASweb端，用户名为oyy+学号，密码为空，点击【登录】进入我的工作台页面。如图7-36所示，点击【应用】—【财务共享】—【共享任务管理】—【共享任务池】进入共享任务池页面。

图7-36　共享任务池

如图7-37和图7-38所示，点击【我的任务】—【出纳收款单审核】进入收款单查询页面，点击【更多】—【获取任务】获取收款单，双击相应单据（通过收款单据编号确认）进入单据处理页面，资金共享岗根据财务审批规则审批该案例，本案例审批通过，点击【提交】。

图7-37　收款单获取

图 7-38　收款单共享审批

资金共享岗欧阳杨确认收款。如图 7-39 所示，点击【应用】—【财务共享】—【出纳共享】—【收款单处理】进入收款单序时簿。

图 7-39　收款单处理

选择组织为环球日化深圳销售有限公司+姓名，日期为 2019-09-01 至 2019-09-31，点击【确定】筛选收款单。如图 7-40 所示，勾选相应单据（通过收款单据编号确认），点击【收款】。

图 7-40 收款单收款

资金共享岗欧阳杨关联收款单生成凭证。在收款单序时簿，勾选相应单据（通过收款单据编号确认），如图 7-41 所示，点击【生成凭证】进入凭证编辑页面。

图 7-41 收款单生成凭证

根据案例背景录入相关信息。如图 7-42 所示，记账日期为 2019-09-15，业务日期为 2019-09-12，录入完毕后点击【提交】进入指定现金流量页面。

图 7-42 凭证录入并提交

如图 7-43 所示，选择主表项目为销售商品、提供劳务收到的现金，点击【确定】进入凭证编辑页面。

图 7-43 凭证指定现金流量

如图 7-44 所示，在凭证编辑页面复核该凭证，点击【更多】—【复核】。

图 7-44 凭证复核

如果在该界面复核不成功，请点击【财务共享】—【出纳共享】—【凭证复核】进入凭证复核界面，选择公司为环球日化深圳销售有限公司+姓名，点击【登账参数】，确认该组织的登账参数后再执行复核，如图 7-45 所示。

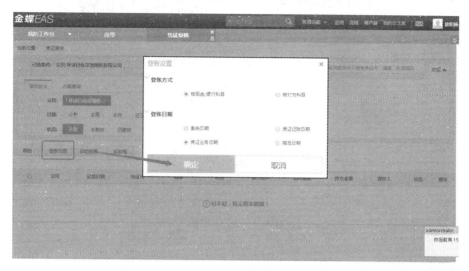

图 7-45　登账参数设置

3. 凭证审核

总账共享岗樊江波审核记账凭证。樊江波进入 EASweb 端，用户名为 fjb+学号，密码为空，点击【登录】进入我的工作台页面。如图 7-46 所示，点击【应用】—【财务共享】—【总账共享】—【凭证查询】进入凭证查询页面。

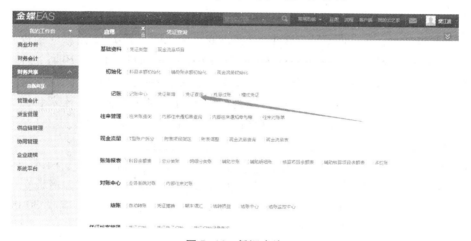

图 7-46　凭证查询

选择组织为环球日化深圳销售有限公司+姓名，日期为 2019-09-01 至 2019-09-31，点击【确定】筛选凭证。如图 7-47 所示，勾选相应凭证（通过凭证编号确认），点击【审核】。

图 7-47　凭证审核

三、练习任务

1. 练习一

10 月 2 日，环球日化深圳销售有限公司赊销 500 瓶 220 ml 去屑止痒洗发露（双重护理系列）给成都丽倩商贸行，含税单价为 22.6 元/瓶，税率 13%，环球日化深圳销售有限公司往来会计毛文伟（mww+学号）确认应收款 11 300 元。10 月 15 日网银收到货款。

2. 练习二

10 月 8 日，环球日化深圳销售有限公司赊销 200 支水润亮颜保湿晶露给深圳雪肤妮化妆品有限公司，含税单价为 90.4 元/支，税率为 13%，环球日化深圳销售有限公司往来会计毛文伟确认应收款 18 080 元，计划 10 月 18 日收款。10 月 10 日，深圳雪肤妮化妆品有限公司收到商品后，发现有 5 支水润亮颜保湿晶露破损，向环球日化深圳销售有限公司反馈后，环球日化深圳销售公司承诺给与 300 元优惠，往来会计毛文伟（mww+学号）调整应收单，重新确认应收款 17 780 元。

3. 练习三

10 月 25 日，紫月居美容会所由于之前向环球日化深圳销售有限公司引入一批新的美容仪，派 10 名美容师去环球日化深圳销售有限公司参加美容培训，培训费 30 000 元，环球日化深圳销售有限公司往来会计毛文伟（mww+学号）确认应收 30 000 元，税率为 6%，计划 10 月 30 日收款。

4. 练习四

11 月 2 日，环球日化深圳销售公司赊销 1 000 瓶 350 g 晶彩滋养柔肤洗手液给深圳日日用品贸易公司，含税单价为 14.69 元/瓶，税率为 13%，环球日化深圳销售有限公司往来会计毛文伟（mww+学号）确认应收款 14 690 元，计划 11 月 12 日收款。

5. 练习五

11 月 11 日，环球日化深圳销售公司参与"双 11"促销活动：满 10 000 元有 9 折优惠，满 20 000 元有 8 折优惠。成都贝贝商贸有限公司赊购 500 瓶 220 ml 屑根净深度滋养洗发水 L（含税单价 28.25 元/瓶）和 500 瓶 220 ml 屑根净清爽止痒洗发水 L（含税单价 24.86 元/瓶），税率为 13%。购买金额达 26 555 元享受 8 折优惠，环球日化深圳销售有限公司往来会计毛文伟（mww+学号）确认应收款 21 244 元。

第八章

应付共享

一、模块概述

应付共享系统是财务共享管理信息系统的组成模块，全面支持 web 页面和互联网式操作。在共享服务中心进行相关配置后，财务人员可以在应付任务池进行任务处理，查询已分配的单据以及任务处理进度、工作量、工作效率及排名情况。

应付共享系统提供多组织业务场景下应付单、付款申请单、付款单等单据的查询、批量处理以及批量结算、批量记账、批量对账和批量结账等功能，满足供应商应付款项业务的会计核算和管理工作，且将扫描、发票等原始凭据、有关差异沟通和存档结合在一起，有效提高了往来共享财务人员的工作效率。该系统既可以独立运行，也可以与出纳共享、应收共享、总账共享等模块集成应用，提供更完整、全面的财务共享管理解决方案，实现业务财务一体化的高度集成。

EAS 应付共享系统对集团企业及单体企业提供了应付共享的全面解决方案，主要包括以下内容：

一是严谨的应付流程管理：支持从应付单到付款、应付发票等业务流程，满足企业规范化的业务流程管理。

二是支持多种结算模式：支持手工结算、自动结算、按核心单据行号结算、按合同号结算等多种结算模式，满足企业多种经营管理的需要。

（一）本模块与其他模块的集成

应付共享系统与出纳共享、应收共享、总账共享等各业务系统一体化集成（如表 8-1 所示），保障业务信息与财务信息的高度同步与一致性，为企业决策层提供实时的业务管理信息。

表 8-1　应付共享与其他模块集成

相关模块	集成内容
出纳共享	应付共享的付款单可以进出纳共享序时簿进行功能应用
应收共享	应付共享与应收共享，可以进行往来转移的应用

表8-1(续)

相关模块	集成内容
总账共享	应付共享的数据，可以生成凭证，进入总账共享，且可参与总账的记账中心、对账中心、结账中心的业务处理
应收管理	多组织，批量支持应付共享的功能

（二）应付任务池

1. 应付任务池概述

应付任务池可提供一站式任务处理，具有绩效分析的功能。应付任务池能方便往来财务人员实时了解待处理的任务，并提供链接切换进行业务处理。同时，应付任务池还可以通过报表统计往来财务人员的任务处理进度、工作量、工作效率及排名情况。

2. 应付任务池的主要功能

在应付任务池中，往来财务人员可以通过首页（工作台），查看本人需要处理的任务，包括已超期、处理中和待分配的单据。应付任务池还可以提供列表页面，从不同维度展示不同业务类型（单据）的处理情况；提供应付单及付款申请单、付款单序时簿页面。应付任务池按规则自动分配的审批任务，支持查询单据、影像、流程图及进行审核操作；提供任务进度统计表、个人任务统计表、个人任务排名表等报表查询。图文并茂，清晰地展示了往来财务人员的任务处理进度、工作量、工作效率及排名情况。

3. 应付任务池的业务流程

①查看单据的处理情况，主要是待处理情况；②处理单据，支持查询单据、影像、流程图及进行审核操作；③报表分析。

（三）应付单

1. 应付单概述

应付单是用来确认债务的单据。与传统意义上的发票意义不完全相同。因为确认债务的产生，有可能是入库即确认债务，不需要开出发票。系统采用应付单来统计应付业务的发生，也是通过应付单生成凭证传递到总账。

2. 应付单的主要功能

一是可维护采购发票、采购费用发票、其他应付单、应付借贷项调整单等多种类型的应付单；二是支持价外税、价内税的多种算法，且价外税算法支持以含税字段计算不含税字段，或者以不含税字段计算含税字段等有效规避尾差的处理。

（四）审批规则

1. 金蝶财务共享应用实践平台案例——应付单

（1）适用范围：企业发生采购业务时，填写应付单确认应付款项。

（2）主要审批规则：①税额要与发票税额一致；②需上传盖章生效的采购合同扫描件；③发票均需要盖章生效的增值税专用专票，且开票方与往来户一致。

2. 金蝶财务共享应用实践平台案例——付款单

（1）适用范围：企业支付往来款项时，填写付款单记录付款情况。

（2）主要审批规则：①需上传盖章生效的采购合同扫描件；②付款类型需要根据业务真实情况进行填写；③不能跨月审批和付款。

3. 金蝶财务共享应用实践平台案例——付款申请单

（1）适用范围：企业申请跨月支付往来款项时，填写付款申请单记录付款申请情况。

（2）主要审批规则：①需上传盖章生效的采购合同扫描件；②付款类型需要根据业务真实情况进行填写。

4. 金蝶财务共享应用实践平台案例——应付付款结算

（1）适用范围：企业发生采购业务时，填写应付单确认应付款项，支付款项时关联生成付款单并进行付款结算。

（2）主要审批规则：①税额要与发票税额一致；②需上传盖章生效的采购合同扫描件；③发票均需要盖章生效的增值税专用专票，且开票方与往来户一致；④付款类型需要根据业务真实情况进行填写。

二、实验练习

实验一：确认应付业务

（一）应用场景

应付单是确认债务的重要凭据；若与物流系统联用，应付单审核时，可以反写核心单据行号的累计应付信息，供用户围绕核心单据进行管理；应付单可以关联生成付款单，且在付款时系统会自动结算，供用户进行准确的往来管理。

（二）实验数据

7月5日，环球洗涤用品深圳有限公司向广州市科萨商贸有限公司赊购1 000千克清幽香精含税单价96.05元/千克，税率为13%，确认应付款96 050元。环球洗涤用品深圳有限公司往来会计高倩兰（gql+学号）提交应付单。

（三）操作指导

1. 应付单提交

环球洗涤用品深圳有限公司往来会计高倩兰提交应付单。高倩兰进入EASweb端，用户名为gql+学号，密码为空，点击【登录】进入我的工作台页面。点击【高倩兰】—【组织-切换】切换组织为环球洗涤用品深圳有限公司+姓名。

如图8-1所示，点击【应用】—【财务会计】—【应付管理】—【应付单新增】新增应付单。

图8-1　应付单新增

根据实验数据录入应付单。如图 8-2 所示，单据日期为 2019-07-05，往来户为广州市科萨商贸有限公司+学号；物料为清幽香精，计量单位为千克，数量为 1 000，含税单价为 96.05 元，税率为 13%；添加附件：采购发票、采购合同，录入完毕后点击【提交】。

图 8-2　应付单录入完成并提交

2. 应付单业务审批

　　环球洗涤用品深圳有限公司采购经理张若阳业务审批应付单。张若阳进入 EASweb 端，用户名为 zry+学号，密码为空，点击【登录】进入我的工作台页面。

　　如图 8-3 所示，点击【流程】—【待办任务】—【常规待办】进入常规待办任务页面。

图 8-3　常规待办任务查询

　　如图 8-4 所示，双击刚刚提交的应付单（通过应付单据编号确认）进入单据审批页面，审批处理选择同意，点击【提交】。

图 8-4   应付单业务审批

3. 应付单共享审批

成本共享岗赖红玲共享审批应付单。赖红玲进入 EASweb 端，用户名为 lhl+学号，密码为空，点击【登录】进入我的工作台页面。如图 8-5 所示，点击【应用】—【财务共享】—【应付共享】—【应付任务池】进入应付任务池页面。

图 8-5   应付任务池

如图 8-6 和图 8-7 所示，点击【我的任务】 【应付单】—【更多】—【获取任务】获取应付单，勾选相应单据（通过应付单据编号确认），成本共享岗根据财务审批规则审批该案例，本案例审批通过，点击【提交】。

图 8-6 应付单获取

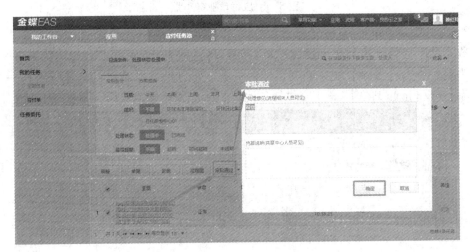

图 8-7 应付单共享审批

4. 应付单凭证生成

成本共享岗赖红玲关联应付单生成凭证。如图 8-8 所示，点击【应用】—【财务共享】—【应付共享】—【应付单维护】进入应付单维护页面。

图 8-8 应付单维护

如图 8-9 所示，选择组织为环球洗涤用品深圳有限公司+姓名，日期为 2019-07-01 至 2019-07-31，点击【确定】筛选应付单。勾选相应单据（通过应付单据编号确认），点击【生成凭证】进入凭证编辑页面。

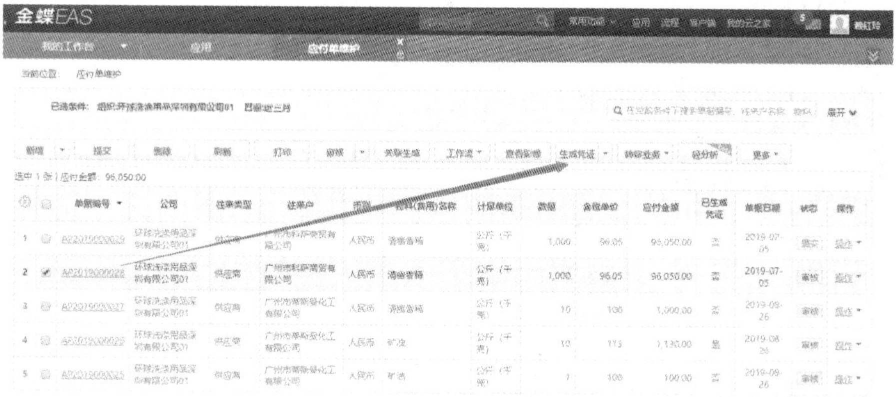

图 8-9　应付单生成凭证

根据案例背景录入相关信息。如图 8-10 所示，记账日期为 2019-07-05，业务日期为 2019-07-05，录入完毕后点击【提交】。

图 8-10　凭证录入完成并提交

5. 凭证审核

总账共享岗樊江波审核记账凭证。樊江波进入 EASweb 端，用户名为 fjb+学号，密码为空，点击【登录】进入我的工作台页面。

如图 8-11 所示，点击【应用】—【财务共享】—【总账共享】—【凭证查询】进入凭证查询页面。

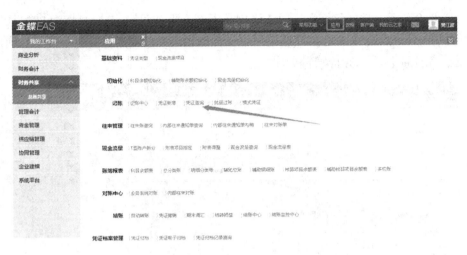

图 8-11　凭证查询

如图 8-12 所示，选择组织为环球洗涤用品深圳有限公司+姓名，日期为 2019-07-01 至 2019-07-31，点击【确定】筛选凭证。勾选相应凭证（通过凭证编号确认），点击【审核】。

图 8-12　凭证审核

实验二：债务转移

（一）应用场景

债务转移是将原对 A 的债务转移为对 B 的债务。债务转移仅仅用于转移到 B，但是 B 并没有付款的情况。对于债务转移并且 B 已经付款的情况，可以放在结算中进行处理。

（二）实验数据

7 月 8 日，广州市科萨商贸有限公司与广州塑料包装材料有限公司发生业务往来，产生应付款 100 000 元。环球洗涤用品深圳有限公司与广州塑料包装材料有限公司有商业往来，为了便于结算，决定将对广州市科萨商贸有限公司的债务转移为对广州塑料包装材料有限公司的债务。环球洗涤用品深圳有限公司往来会计高倩兰（gql+学号）

确认债务转移。

（三）操作指导

1. 债务转移

环球洗涤用品深圳有限公司往来会计高倩兰确认债务转移。高倩兰进入 EASweb 端，用户名为 gql+学号，密码为空，点击【登录】进入我的工作台页面。点击【高倩兰】—【组织-切换】切换组织为环球洗涤用品深圳有限公司+姓名。

如图 8-13 所示，点击【应用】—【财务会计】—【应付管理】—【应付单维护】进入应付单维护页面。

图 8-13　应付单维护

如图 8-14 所示，选择组织为环球洗涤用品深圳有限公司+姓名，日期为 2019-07-01 至 2019-07-31，点击【确定】筛选应付单。勾选相应单据（通过应付单据编号确认），点击【转移业务】—【债务转移】进入应付单编辑页面。

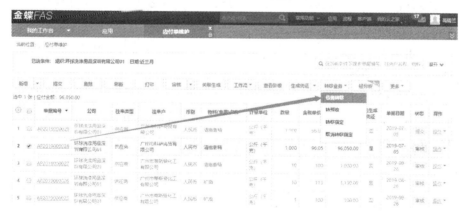

图 8-14　债务转移

如图 8-15 和图 8-16 所示，根据案例背景修改相关信息，单据日期为 2019-07-08，往来户为广州塑料包装材料有限公司+学号，修改完毕后点击【提交】。

图 8-15 应付单修改

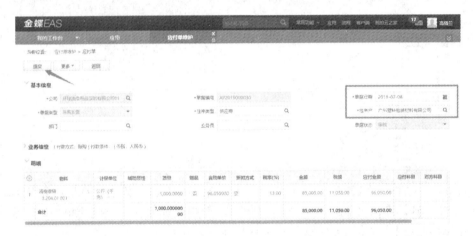

图 8-16 应付单修改完成并提交

实验三：应付单代付款

（一）应用场景

处理跨组织代付款业务。

（二）实验数据

7 月 20 日，环球洗涤用品深圳有限公司向广州塑料包装材料有限公司赊购 2 000 件彩膜（包材），含税单价为 1.13 元/件，税率为 13%，计划 10 天后付款。7 月 22 日，环球日化深圳销售有限公司由于之前业务往来欠环球洗涤用品深圳有限公司款项，双方商议决定，环球洗涤用品深圳有限公司欠广州塑料包装材料有限公司的应付款 2 260 元，由环球日化深圳销售有限公司代付。环球洗涤用品深圳有限公司往来会计高倩兰（gql+学号）提交应付单。

（三）操作指导

1. 代付款

参照前序实验步骤，先完成该销售业务的应付单提交、应付单业务审批、应付单共享审批、凭证生成及凭证审核等流程。凭证审核完成后，环球洗涤用品深圳有限公司往来会计高倩兰确认代付款。高倩兰进入 EASweb 端，用户名为 gql+学号，密码为空，点击【登录】进入我的工作台页面。点击【高倩兰】—【组织-切换】切换组织为环球洗涤用品深圳有限公司+姓名。

如图8-17所示，点击【应用】—【财务会计】—【应付管理】—【应付单维护】进入应付单维护页面。

图8-17 应付单维护

如图8-18和图8-19所示，选择组织为环球洗涤用品深圳有限公司+姓名，日期为2019-07-01至2019-07-31，点击【确定】筛选应付单。勾选相应单据（通过应付单据编号确认），点击【更多】—【代付款】，双击选择代付公司为环球日化深圳销售有限公司+姓名，进入应付单编辑页面。

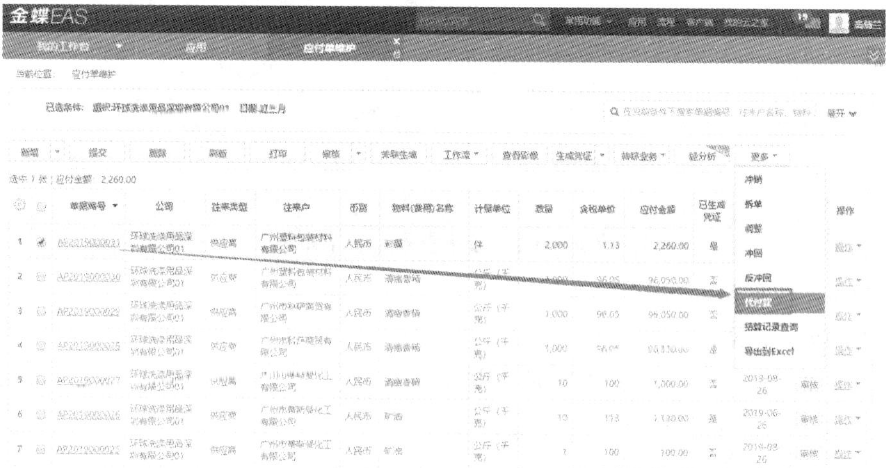

图8-18 代付款

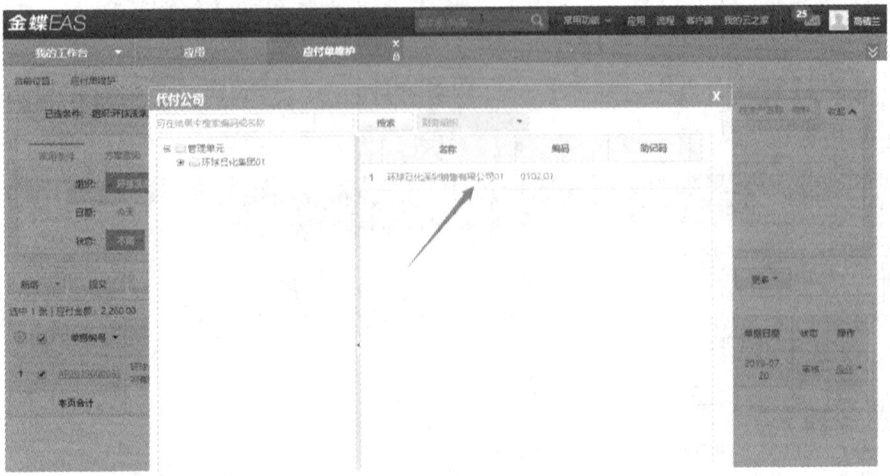

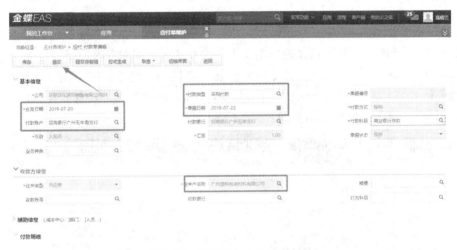

图 8-19　代付公司选择

根据实验数据录入相关信息。如图 8-20 所示，付款类型为采购付款，业务日期为 2019-07-20，单据日期为 2019-07-22，选择付款账户，录入完毕后点击【提交】。

图 8-20　付款单录入完成并提交

实验四：应付单冲销

（一）应用场景

处理冲销业务的功能；冲销就是将两个因素一样、形成的原因一样，但由于记账错误形成的业务记录进行对冲。

（二）实验数据

8 月 1 日，环球洗涤用品深圳有限公司向深圳市蕾贝卡商贸有限公司赊购 200 千克平衡控油洗发水，含税单价为 84.75 元/千克，税率为 13%。8 月 15 日，深圳市蕾贝卡商贸有限公司因经营不善被深圳市美凯玲商贸有限公司合并，环球洗涤用品深圳有限公司往来会计高倩兰（gql+学号）冲销原应付单。

（三）操作指导

1. 应付单冲销

参照前序实验步骤，先完成该销售业务的应付单提交、应付单业务审批、应付单共享审批、凭证生成及凭证审核等流程。凭证审核完成后，环球洗涤用品深圳有限公司往来会计高倩兰确认应付单冲销。高倩兰进入 EASweb 端，用户名为 gql+学号，密码为空，点击【登录】进入我的工作台页面。点击【高倩兰】—【组织-切换】切换组织为环球洗涤用品深圳有限公司+姓名。

如图 8-21 所示，点击【应用】—【财务会计】—【应付管理】—【应付单维护】进入应付单维护页面。

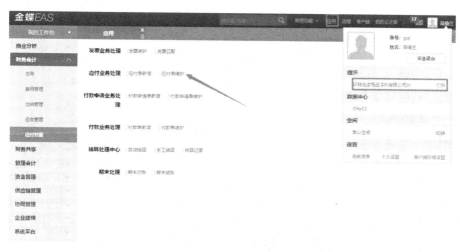

图 8-21 应付单维护

如图 8-22 所示，选择组织为环球洗涤用品深圳有限公司+姓名，日期为 2019-08-01至 2019-08-31，点击【确定】筛选应付单。勾选相应单据（通过应付单据编号确认），点击【更多】—【冲销】。

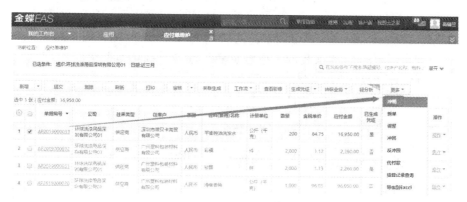

图 8-22 应付冲销

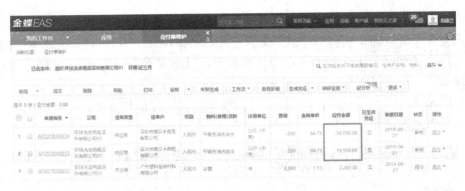

图 8-23　应付冲销

实验五：应付单调整

（一）应用场景

处理不调整应付数量但需要调整应付金额的业务。

（二）实验数据

8 月 10 日，环球洗涤用品深圳有限公司向深圳市美凯玲商贸有限公司赊购 1 000 千克标准洗发露，含税单价为 42.94 元/千克，税率为 13%。8 月 18 日，深圳市美凯玲商贸有限公司为了维护客户关系，给予环球洗涤用品深圳有限公司 8 月 10 日应付款 42 940 元这笔业务 2 000 元的优惠。环球洗涤用品深圳有限公司往来会计高倩兰（gql+学号）需重新确认应付款 40 940 元。

（三）操作指导

1. 应付单调整

参照根据前序实验步骤，先完成该销售业务的应付单提交、应付单业务审批、应付单共享审批、凭证生成及凭证审核等流程。凭证审核完成后，环球洗涤用品深圳有限公司往来会计高倩兰确认应付单调整。高倩兰进入 EASweb 端，用户名为 gql+学号，密码为空，点击【登录】进入我的工作台页面。点击【高倩兰】—【组织-切换】切换组织为环球洗涤用品深圳有限公司+姓名。

如图 8-24 所示，点击【应用】—【财务会计】—【应付管理】—【应付单维护】进入应付单维护页面。

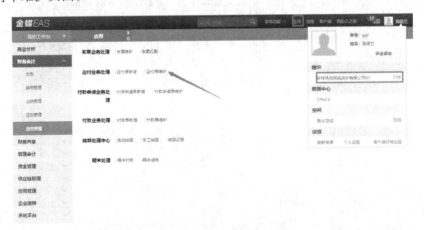

图 8-24　应付单维护

如图 8-25 所示，选择组织为环球洗涤用品深圳有限公司+姓名，日期为 2019-08-01
至 2019-08-31，点击【确定】筛选应付单。勾选相应单据（通过应付单据编号确认），
点击【更多】—【调整】进入应付单编辑页面。

图 8-25　应付调整

根据实验数据录入相关信息。如图 8-26 所示，单据日期为 2019-08-18，明细—
应付金额为-2 000 元，录入完毕后点击【提交】。

图 8-26　应付单录入完成并提交

完成应付调整的界面如图 8-27 所示。

图 8-27　应付调整

实验六：付款申请单

（一）应用场景

付款申请单是为了处理应付系统的付款申请跨月的业务而特别增加的一张单据。本来付款单也可以起到付款申请单的大部分作用，但是由于付款单不能跨月审批和付款，这种业务不能使用付款单来替代处理，所以增加付款申请单。

（二）实验数据

8 月 26 日，环球洗涤用品深圳有限公司即将生产一种新型产品需要原料角鲨烷，计划 9 月 6 日向珠海市博聪生物科技有限公司购买 100 千克角鲨烷（原料膏体），含税单价为 113 元/千克，税率为 13%。环球洗涤用品深圳有限公司往来会计高倩兰（gql+学号）提交付款申请单。

（三）操作指导

1. 付款申请单提交

环球洗涤用品深圳有限公司往来会计高倩兰提交付款申请单。高倩兰进入 EASweb 端，用户名为 gql+学号，密码为空，点击【登录】进入我的工作台页面。点击【高倩兰】—【组织-切换】切换组织为环球洗涤用品深圳有限公司+姓名。

如图 8-28 所示，点击【应用】—【财务会计】—【应付管理】—【付款申请单新增】新增付款申请单。

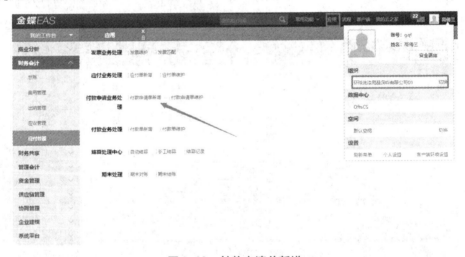

图 8-28　付款申请单新增

根据实验数据录入付款申请单。如图 8-29 所示，单据日期为 2019-08-26，申请人为高倩兰+学号；请款事由为生产一种新型产品需要原料角鲨烷；付款类型为采购付款，往来类型为供应商，往来户为珠海市博聪生物科技有限公司+学号，申请付款金额为 11 300 元，付款日期为 2019-09-06，录入完毕后点击【提交】。

图 8-29 付款申请单录入完成并提交

2. 付款申请单审批

资金共享岗欧阳杨共享审批付款申请单。欧阳杨进入 EASweb 端，用户名为 oyy+学号，密码为空，点击【登录】进入我的工作台页面。点击【应用】—【财务共享】—【共享任务管理】—【共享任务池】进入共享任务池页面，如图 8-30 所示。

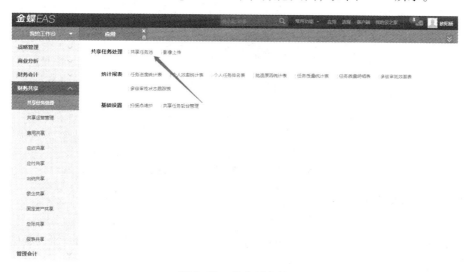

图 8-30 共享任务池

如图 8-31 和图 8-32 所示，点击【我的任务】—【付款申请单】—【更多】—【获取任务】获取付款申请单，双击相应单据（通过付款申请单据编号确认）进入单据处理页面，资金共享岗根据财务审批规则审批该案例，本案例审批通过，点击【提交】。

图 8-31　付款申请单获取

图 8-32　付款申请单共享审批

实验七：付款单取消付款

（一）应用场景

通过付款单付款后，由于某些原因，需要重新对付款单进行确认的一种反向操作。

（二）实验数据

9 月 4 日，环球洗涤用品深圳有限公司向深圳中富包装容器有限公司现购瓶罐 2 000 件、瓶盖 2 000 件，含税单价分别为 1.6 元/件和 2.2 元/件，税率为 13%。当日付款 7 600 元。银行反馈出纳，往来户收款账号与收款人不符，出纳检查后发现收款账号错填一位数，将 6715007952410021438 错填为 6715007952410021458，出纳当即取消付款。

（三）操作指导

1. 关联生成付款单

参照前序实验步骤，先完成该销售业务的应付单提交、应付单业务审批、应付单共享审批、凭证生成、凭证审核等流程。凭证审核完成后，成本共享岗赖红玲关联应付单生成付款单。赖红玲进入 EASweb 端，用户名为 lhl+学号，密码为空，点击【登录】进入我的工作台页面。如图 8-33 所示，点击【应用】—【财务共享】—【应付共享】—【应付单维护】进入应付单维护页面。

图 8-33　应付单维护

　　如图 8-34 和图 8-35 所示，选择组织为环球洗涤用品深圳有限公司+姓名，日期为 2019-09-01 至 2019-09-31，点击【确定】筛选应付单。勾选相应单据（通过应付单据编号确认），点击【关联生成】，选择目标单据为付款单，转换规则为应付单生成付款单，点击【确定】进入付款单编辑页面。

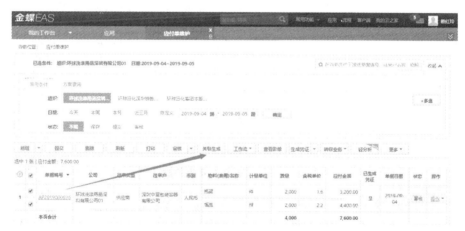

图 8-34　应付单关联生成付款单

图 8-35　转换规则应付单生成付款单

　　根据实验数据录入相关信息。如图 8-36 所示，付款类型为采购付款，业务日期为 2019-09-04，单据日期为 2019-09-04，选择付款账户；输入收款方信息—收款账号（自定义），录入完毕后点击【提交】。

图 8-36　付款单录入完成并提交

　　2. 付款单共享审批

　　资金共享岗欧阳杨共享审批付款单。欧阳杨进入 EASweb 端，用户名为 oyy+学号，密码为空，点击【登录】进入我的工作台页面。

　　如图 8-37 所示，点击【应用】—【财务共享】—【共享任务管理】—【共享任务池】进入共享任务池页面。

图 8-37　共享任务池

如图 8-38 和图 8-39 所示，点击【我的任务】—【出纳付款单审核】—【更多】—【获取任务】获取付款单，勾选相应单据（通过付款单据编号确认），资金共享岗根据财务审批规则审批该案例，本案例审批通过，点击【提交】。

图 8-38　付款单获取

图 8-39 付款单共享审批

3. 付款

资金共享岗欧阳杨确认付款。如图 8-40 所示，点击【应用】—【财务共享】—【出纳共享】—【付款单处理】进入付款单序时簿。

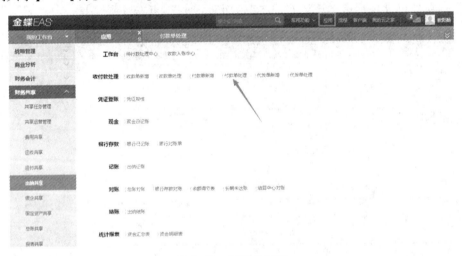

图 8-40 付款单处理

如图 8-41 所示，选择组织为环球洗涤用品深圳有限公司+姓名，日期为 2019-09-01 至 2019-09-31，点击【确定】筛选付款单。勾选相应单据（通过付款单据编号确认），点击【付款】。

图 8-41　付款单付款

4. 反结算

银行反馈，往来户收款账号与收款人不符，资金共享岗欧阳杨确认反结算。如图 8-42 所示，点击【应用】—【财务共享】—【应付共享】—【应付结算记录】进入应付结算记录页面。

图 8-42　应付结算记录

如图 8-43 所示，选择组织为环球洗涤用品深圳有限公司+姓名，日期为 2019-09-01 至 2019-09-31，点击【确定】筛选应付单。勾选相应单据（通过应付单据编号确认），点击【反结算】。

图 8-43　反结算

5. 取消付款

资金共享岗欧阳杨取消付款。如图 8-44 所示，点击【应用】—【财务共享】—【出纳共享】—【付款单处理】进入付款单序时簿。

图 8-44　付款单处理

如图 8-45 所示，选择组织为环球洗涤用品深圳有限公司+姓名，日期为 2019-09-01 至 2019-09-31，点击【确定】筛选付款单。勾选相应单据（通过付款单据编号确认），点击【付款】—【取消付款】。

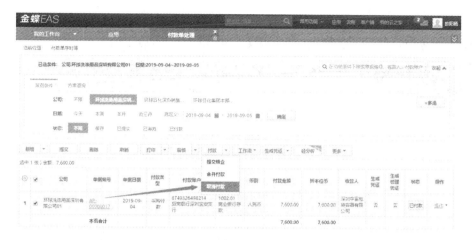

图 8-45　付款单取消付款

实验八：采购付款

（一）应用场景

企业发生采购业务时，填写应付单确认应付款项，支付款项时关联生成付款单并进行付款结算。

（二）实验数据

9 月 17 日，环球洗涤用品深圳有限公司向广州市蒂斯曼化工有限公司赊购 1 000 千克表面活性剂，含税单价为 15.6 元/千克，税率为 13%，计划 9 月 20 日付款。环球洗涤用品深圳有限公司往来会计高倩兰（gql+学号）提交应付单。

（三）操作指导

1. 凭证生成、指定流量复核

参照前序实验步骤，先完成该销售业务的应付单提交、应付单业务审批、应付单共享审批、凭证生成、凭证审核、关联生成付款单、付款单共享审批、付款等流程。付款操作完成后，资金共享岗欧阳杨关联付款单生成凭证。如图 8-46 所示，在付款单序时簿，选择组织为环球洗涤用品深圳有限公司+姓名，日期为 2019-09-17 至 2019-09-18，点击【确定】筛选付款单。勾选相应单据（通过付款单据编号确认），点击【生成凭证】进入凭证编辑页面。

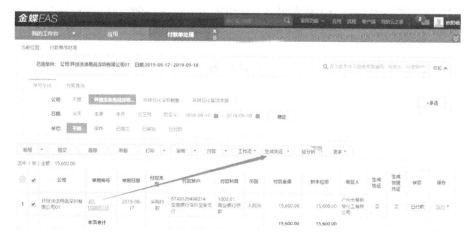

图 8-46　付款单生成凭证

根据案例背景录入相关信息。如图 8-47 所示，记账日期为 2019-09-20，业务日期为 2019-09-17，录入完毕后点击【提交】进入现金流量页面。

图 8-47　凭证录入完成并提交

如图 8-48 所示，选择主表项目为购买商品、接受劳务支付的现金，点击【确定】进入凭证编辑页面。

图 8-48　凭证指定现金流量

如图 8-49 所示，在凭证编辑页面复核该凭证，点击【更多】—【复核】。

图 8-49　凭证复核

如果在该界面复核不成功，会提示"请设置登账参数"，此时请点击【应用】—【财务共享】—【出纳共享】—【凭证复核】进入凭证复核界面，选择复核的公司，点击【登账参数】确认该组织的登账参数后再执行复核。

2. 凭证审核

总账共享岗樊江波审核记账凭证。樊江波进入 EASweb 端，用户名为 fjb+学号，密码为空，点击【登录】进入我的工作台页面。

如图 8-50 所示，点击【应用】—【财务共享】—【总账共享】—【凭证查询】进入凭证查询页面。

图 8-50　凭证查询

如图 8-51 所示，选择组织为环球洗涤用品深圳有限公司+姓名，日期为 2019-09-01 至 2019-09-31，点击【确定】筛选凭证。勾选相应凭证（通过凭证编号确认），点击【审核】。

图 8-51　凭证审核

1. 练习一

10月5日，环球洗涤用品深圳有限公司向深圳市橙晶晶商贸有限公司赊购1 000千克深层洁净去屑洗发水，含税单价为33.9元/千克，税率为13%，计划10月15日付款。10月8日，深圳市橙晶晶商贸有限公司5周年庆，为回馈老客户，该公司计划将10月5日销售给环球洗涤用品深圳有限公司的1 000千克深层洁净去屑洗发水给予3 000元的优惠。环球洗涤用品深圳有限公司往来会计高倩兰（gql+学号）需重新确认应付款30 900元。

2. 练习二

10月23日，环球洗涤用品深圳有限公司向深圳市元动化工有限公司赊购200千克肉豆蔻酸异丙酯，含税单价为79.1元/千克，税率为13%，确认应付款15 820元。环球洗涤用品深圳有限公司采购经理张若阳发现原材料棕榈酸异丙酯被错填为肉豆蔻酸异丙酯，将审批打回，并要求环球洗涤用品深圳有限公司往来会计高倩兰（gql+学号）修改后重新提交。

3. 练习三

11月9日，环球洗涤用品深圳有限公司向珠海市博聪生物科技有限公司赊购200千克鲜梨花香精，含税单价63.28元/千克，税率为13%，计划11月11日付款。

第九章

费用共享

一、模块概述

费用共享系统具有费用任务池、费用核算、费用记账等费用会计功能，以及预算控制、下推付款单等财务管理功能。费用共享系统帮助财务共享服务中心的财务人员实现高效准确的费用审核、费用记账工作。费用共享系统能够有效地提高财务处理效率，降低财务处理成本，推动财务转型，提升财务管理价值。该系统既可以独立运行，又可以与报表共享、出纳共享、费用共享、资产共享、应收共享、应付共享等模块共同使用，提供更完整、全面的财务共享管理解决方案。

费用共享常用的单据包括借款单、费用报销单、出差借款单和差旅费报销单。

（一）费用共享的主要功能

1. 费用任务池

业务员只能处理分配到自己名下的任务。业务员登录后点击页面左边的首页、个人任务统计表、个人任务排名表就可以查看自己名下的任务处理情况、任务处理效率及排名情况。该系统点击首页数字链接可进入相应页面处理单据。

2. 费用核算

费用核算提供会计处理工作平台，主要包括借款单、出差借款单、费用报销单、差旅费报销单等九张单据序时簿，支持挂账、生成凭证、删除凭证、生成付款单等功能。

3. 费用记账

费用记账提供凭证生成工作台，支持组织切换，可以对费用报销模块符合条件的单据批量生成凭证。

（二）费用共享常用单据

1. 出差申请单

员工出差前，需向公司提出出差申请单，用于差旅管理与控制。

2. 借款单

借款单主要是企业员工需要向企业借支办理企业相关事务费用，比如举办市场活动、文化建设、客户接待等费用借款。

3. 费用报销单

费用报销单主要是企业全体员工用于报销日常费用的单据，比如报销手机补贴费用、交通补贴费用、客户接待费用等，需要提交相关的报销发票。

4. 出差借款单

出差借款主要是企业商旅人员出差办理企业事务，需要预先向企业借支差旅费用。

5. 差旅费报销单

差旅费报销单主要是企业商旅人员用于报销差旅费用的单据，需要提交相关报销发票，比如机票、出租车发票、住宿发票等。

二、实验练习

实验一：费用报销

（一）审批规则

金蝶财务共享应用实践平台操作案例——费用报销单

（1）适用范围：手机补贴费、交通补贴费、招待费、部门活动费、办公用品费、广告费、品牌费、招聘费等员工费用报销。

（2）主要审批规则：①各类型费用报销需要在规定报销标准内进行报销，超过标准不予报销，比如手机费补贴为"普通员工 300 元，总监、经理及以上 500 元"；②招待费一般为餐饮娱乐业发票，须以实际发生费用的票据报销；③广告费发票应为增值税专用发票，若不能开具增值税专用发票，则需扣减税点后支付。

（二）实验数据

7 月 5 日，环球洗涤用品深圳有限公司采购员李霞在京东采购了一台 Canon C3020/3520 系列打印一体机，采购费用为 14 399 元，李霞（lx+学号）提交费用报销单。

（三）操作指导

1. 费用报销单提交

员工李霞进行费用报销，提交财务共享中心审批，需要提交相关报销发票。

员工提交报销前需要先录入员工个人收款信息，此步骤参考（建立集团—系统初始化—费用管理设置相关实验步骤）

员工李霞进入 EASweb 端，用户名为 lx+学号，密码为空，点击【登录】进入我的工作台页面。如图 9-1 所示，点击【应用】—【财务会计】—【费用管理】—【报销工作台】进入报销工作台页面。

图 9-1　报销工作台

如图 9-2 所示，点击【费用报销】新增费用报销单。

图 9-2　费用报销单新增

根据实验数据录入费用报销单。如图 9-3 所示，报销人为李霞+学号，申请日期为 2019-07-05，事由为报销打印一体机采购费；业务类别为管理费用，费用类型为办公费，报销金额为 14 399 元，费用承担部门为采购部+姓名；选择收款人为李霞+学号；添加附件：打印机发票. png，录入完毕后点击【提交】。

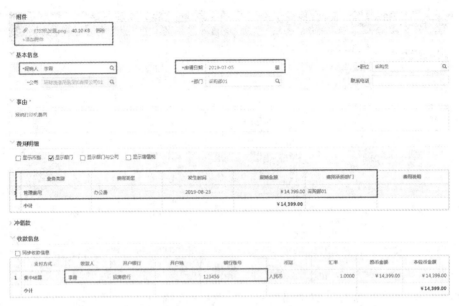

图9-3 费用报销单录入完成并提交

如图9-4所示，在报销工作台页面，点击【报销中】—【刷新】—【当前节点】可以查看该费用报销单的下一流程节点。

图9-4 费用报销单流程节点查看

2. 费用报销单业务审批

员工李霞提交费用报销单后，行政上级张若阳对业务的真实性进行审批。张若阳进入EASweb端，用户名为zry+学号，密码为空，点击【登录】进入我的工作台页面。双击待办事项下的相应单据（通过单据编码确认）进入单据审批页面，如图9-5所示。

图 9-5　待办事项查看

行政上级张若阳对业务的真实性进行审批。若本业务真实发生，审批处理则选择同意，点击【提交】，如图9-6所示。

图 9-6　费用报销单业务审批

3. 费用报销单共享审批

费用共享岗马超俊根据财务审批规则审批获取到的单据。马超俊进入EASweb端，用户名为mcj+学号，密码为空，点击【登录】进入我的工作台页面。如图9-7所示，点击【应用】—【财务共享】—【费用共享】—【费用任务池】进入费用任务池页面。

图 9-7　费用任务池

如图 9-8 所示，点击【我的任务】—【费用报销】—【更多】—【获取任务】获取费用报销单。

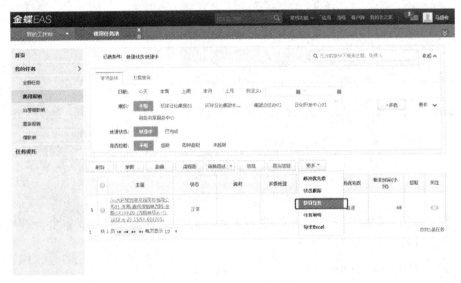

图 9-8　费用报销单获取

如图 9-9 和图 9-10 所示，双击相应单据（通过费用报销单据编号确认）进入单据处理页面，费用共享岗根据财务审批规则审批该案例，本案例审批通过，录入原币核定金额为 14 399 元，点击【提交】。

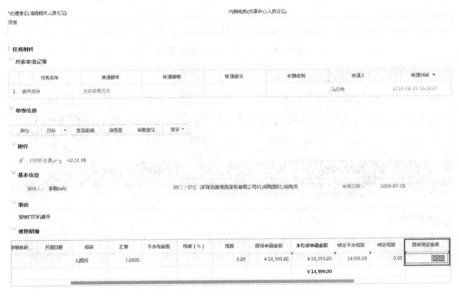

图 9-9　费用报销单原币核定金额录入

图 9-10　费用报销单共享审批

4. 关联生成付款单

费用共享岗马超俊根据审批后的费用报销单下推付款单。如图 9-11 所示，点击【应用】—【财务共享】—【费用共享】—【费用报销单】进入费用报销单页面。

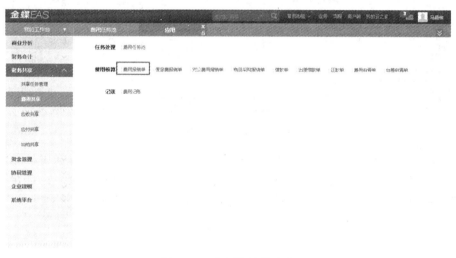

图 9-11　费用报销单查询

如图 9-12 和图 9-13 所示，选择公司为环球洗涤用品深圳有限公司+姓名，日期为 2019-07-01 至 2019-07-31，点击【确定】筛选费用报销单。勾选相应单据（通过费用报销单据编号确认），点击【关联生成】，选择目标单据为付款单，转换规则为报销单到付款单，点击【确定】进入付款单编辑页面。

图 9-12　费用报销单关联生成付款单

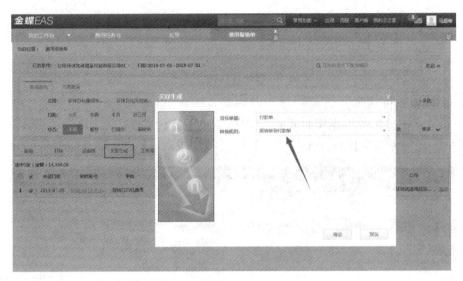

图 9-13　转换规则报销单到付款单

根据实验数据录入相关信息。如图 9-14 所示，付款公司为环球洗涤用品深圳有限公司+姓名，业务日期为 2019-07-15，付款类型为其他，选择付款账户；对方科目为管理费用—办公费，录入完毕后点击【提交】。

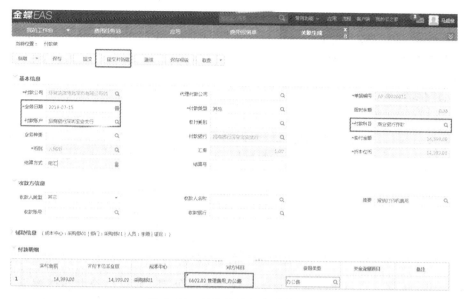

图 9-14 付款单录入完成并提交

5. 付款单共享审批

资金共享岗欧阳杨审批付款单并付款。欧阳杨进入 EASweb 端，用户名为 oyy+学号，密码为空，点击【登录】进入我的工作台页面。如图 9-15 所示，点击【应用】—【财务共享】—【共享任务管理】—【共享任务池】进入共享任务池页面。

图 9-15 共享任务池

如图 9-16 所示，点击【我的任务】—【全部任务】—【更多】—【获取任务】获取付款单。

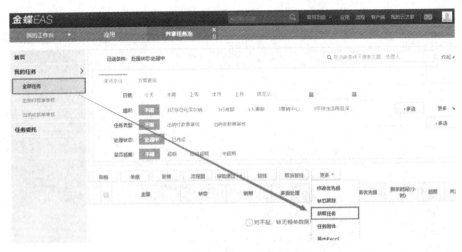

图 9-16　付款单获取

　　双击相应单据（通过单据编号确认）进入单据处理页面，资金共享岗根据财务审批规则审批该案例，本案例审批通过，选择决策项为普通审批，点击【提交】，如图 9-17 所示。

图 9-17　付款单共享审批

6. 付款

　　资金共享岗欧阳杨确认付款。如图 9-18 所示，点击【应用】—【财务共享】—【出纳共享】—【付款单处理】进入付款单序时簿。

图 9-18　付款单处理

如图 9-19 所示，选择组织为环球洗涤用品深圳有限公司+姓名，日期为 2019-07-01 至 2019-07-31，点击【确定】筛选付款单。勾选相应单据（通过单据编号确认），点击【付款】。

图 9-19　付款单付款

7. 凭证生成、指定流量并复核

在付款单序时簿，选择组织为环球洗涤用品深圳有限公司+姓名，日期为 2019-07-01 至 2019-07-31，点击【确定】筛选付款单。勾选相应单据（通过单据编号确认），点击【生成凭证】进入凭证编辑页面。

根据案例背景录入相关信息，如图 9-20 所示，记账日期为 2019-07-15，业务日期为 2019-07-15，录入完毕后点击【提交】进入现金流量页面。

图 9-20　凭证录入完成并提交

如图 9-21 所示，选择主表项目为支付的其他与经营活动有关的现金，点击【确定】进入凭证编辑页面。

图 9-21　凭证指定现金流量

如图 9-22 所示，在凭证编辑页面复核该凭证，点击【更多】—【复核】。

图 9-22　凭证复核

如果在该界面复核不成功，请点击【应用】—【财务共享】—【出纳共享】—【凭证复核】，进入凭证复核界面，选择复核的公司，点击【登账参数】，确认该组织的登账参数后再执行复核，如图 9-23 所示。

图 9-23 登账参数设置

8. 凭证审核

总账共享岗樊江波审核记账凭证。樊江波进入 EASweb 端，用户名为 fjb+学号，密码为空，点击【登录】进入我的工作台页面。

如图 9-24 所示，点击【应用】—【财务共享】—【总账共享】—【凭证查询】进入凭证查询页面。

图 9-24 凭证查询

如图 9-25 所示，选择公司为环球洗涤用品深圳有限公司+姓名，日期为 2019-07-01至 2019-07-31，点击【确定】筛选凭证。勾选相应凭证（通过凭证编号确认），点击【审核】。

图 9-25 凭证审核

实验二：费用借款

（一）审批规则

1. 金蝶财务共享应用实践平台案例——借款单

（1）适用范围：专项费用借款、公司日常事务开支借款，以及办事处备用金等因公务活动需要借支的款项。

（2）主要审批规则：①2 000 元及以下支出不予借款；②同类性质的借款前款不清、后款不借；③遵循"谁执行谁借款、谁借款谁还款"原则，不得有他人代借及代还款；④借款属高风险流程，遵循严格审批原则，除不需提供发票外，参照费用报销规范申请借款；⑤借款用途描述需清晰，如有合同，需上传合同以供审核。

（二）实验数据

7月12日，成都贝贝商贸有限公司副总经理到深圳参加 EMBA 培训，为维护客户关系，环球日化深圳销售有限公司销售员贺小明计划招待其共进晚餐，贺小明（hxm+学号）提交了借款单，费用借款明细如表 9-1 所示。

表 9-1　费用借款明细

日期	餐饮费/元	礼品费/元
7 月 12 日	800	1 000

（三）操作指导

1. 借款单提交

员工贺小明进行费用借款，提交财务共享中心审批。

员工提交报销前需要先录入员工个人收款信息，此步骤参考（建立集团—系统初始化—费用管理设置相关实验步骤）

员工贺小明进入 EASweb 端，用户名为 hxm+学号，密码为空，点击【登录】进入我的工作台页面。如图 9-26 所示，点击【应用】—【财务会计】—【费用管理】—【报销工作台】进入报销工作台页面。

图 9-26 报销工作台

如图 9-27 所示，点击【借款】新增借款单。

图 9-27 借款单新增

根据实验数据录入借款单。如图 9-28 所示，申请人为贺小明+学号，申请日期为
2019-07-12，部门为营销中心+学号，费用承担公司为环球日化深圳销售有限公司+姓
名，事由为计划招待成都贝贝商贸有限公司副总经理共进晚餐；费用类型为业务招待
费，本位币金额为 1 800 元；选择收款人为贺小明+学号，录入完毕后点击【提交】。

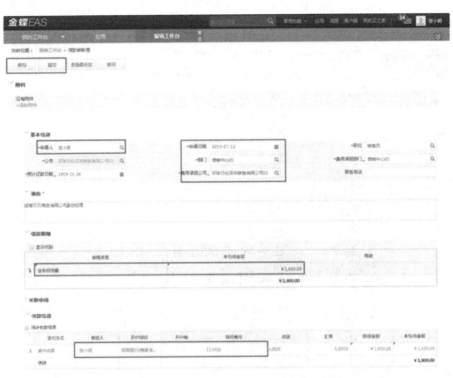

图 9-28　借款单录入完成并提交

2. 借款单业务审批

员工贺小明提交借款单后，行政上级郝晓娇对业务的真实性进行审批。郝晓娇进入 EASweb 端，用户名为 hxj+学号，密码为空，点击【登录】进入我的工作台页面。双击待办事项下的相应单据（通过单据编码确认）进入单据审批页面，如图 9-29 所示。

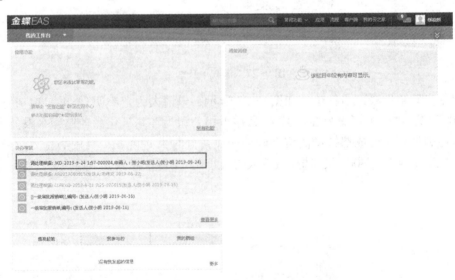

图 9-29　待办事项查看

行政上级郝晓娇对业务的真实性进行审批。本案例真实发生，审批处理选择同意，点击【提交】，如图9-30所示。

图 9-30 借款单业务审批

3. 借款单共享审批

费用共享岗马超俊根据财务审批规则审批获取到的单据。马超俊进入 EASweb 端，用户名为 mcj+学号，密码为空，点击【登录】进入我的工作台页面。如图9-31所示，点击【应用】—【财务共享】—【费用共享】—【费用任务池】进入费用任务池页面。

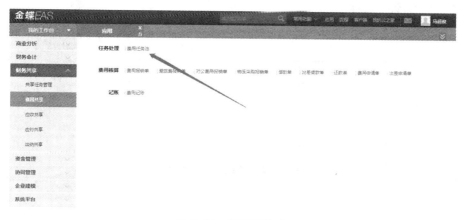

图 9-31 费用任务池

如图9-32所示，点击【我的任务】—【费用报销】—【更多】—【获取任务】获取借款单。

图 9-32　借款单获取

如图 9-33 和图 9-34 所示，双击相应单据（通过借款单据编号确认）进入单据处理页面，费用共享岗根据财务审批规则审批该案例，本案例审批通过，录入原币核定金额为 1 800 元，点击【提交】。

图 9-33　借款单原币核定金额录入

图 9-34 借款单共享审批

4. 关联生成付款单

费用共享岗马超俊根据审批后的借款单下推付款单。如图 9-35 所示，点击【应用】—【财务共享】—【费用共享】—【借款单】进入借款单查询页面。

图 9-35 借款单查询

如图 9-36 和图 9-37 所示，选择公司为环球日化深圳销售有限公司+姓名，日期为 2019-07-01 至 2019-07-31，点击【确定】筛选借款单。勾选相应单据（通过借款单据编号确认），点击【关联生成】，选择目标单据为付款单，转换规则为借款单到付款单（付款用），点击【确定】进入付款单编辑页面。

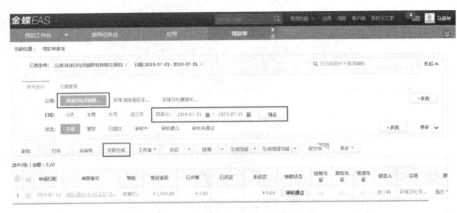

图 9-36　借款单关联生成付款单

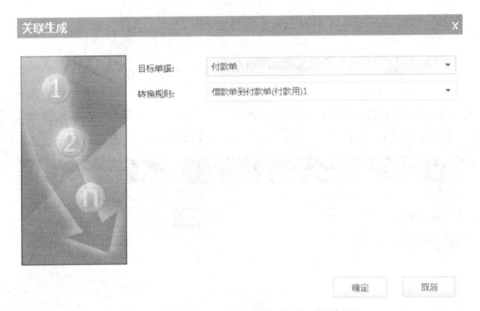

图 9-37　转换规则借款单到付款单（付款用）

　　根据实验数据录入相关信息。如图 9-38 所示，付款公司为环球日化深圳销售有限公司+姓名，业务日期为 2019-07-20，付款类型为其他，选择付款账户；对方科目为其他应收款，录入完毕后点击【提交】。

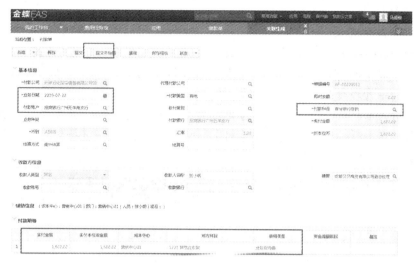

图 9-38 付款单录入完成并提交

付款单录入完成并提交后，参照前序实验相关步骤操作，完成付款单共享审批、付款、凭证生成、指定流量并复核、凭证审核等相关步骤。

实验三：出差借款

（一）审批规则

金蝶财务共享应用实践平台操作案例——出差借款单。

（1）适用范围：所有出差任务的申请，出差的机票、车票、船票及住宿费借款，以及为项目出差发生的房租、水电费等借款。

（2）主要审批规则：

①2 000 元及以下支出不予借款；②事前借款，则需在出差事由中描述具体原因及预计出差费用；③借款时只考虑交通和住宿的合理费用，出差补贴及其他零星费用不予借支，前款不清，后款不借；④出差地点更换时，需要分行填写明细信息。

（二）实验数据

环球日化深圳销售有限公司销售经理郝晓娇计划在 8 月 3 日至 8 月 6 日连续出差重庆、成都、眉山了解各地销售情况，8 月 2 日郝晓娇（hxj+学号）提交出差借款单，预计费用如表 9-2 所示。

表 9-2 出差借款明细

日期	地点	始终行程	长途交通费/元	市内交通费/元	住宿费/元	出差补贴/元
8 月 3 日	深圳	深圳—重庆	1 000	100	350	100
8 月 4 日	重庆	重庆—成都	100	100	350	100
8 月 5 日	成都	成都—眉山	50	100	300	100
8 月 6 日	眉山	眉山—成都	50			
8 月 6 日	成都	成都—深圳	1 000			

(三) 操作指导

1. 出差借款单提交

销售经理郝晓娇进行出差借款，提交财务共享中心审批，出差后需要提交相关报销发票。员工提交报销前需要先录入员工个人收款信息，此步骤参考（建立集团—系统初始化—费用管理设置相关实验步骤）

郝晓娇进入EASweb端，用户名为hxj+学号，密码为空，点击【登录】进入我的工作台页面。点击【应用】—【财务会计】—【费用管理】—【报销工作台】进入报销工作台页面，如图9-39所示。

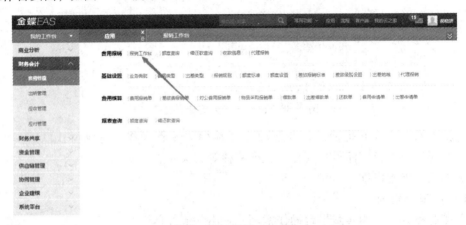

图9-39 报销工作台

点击【出差借款】新增出差借款单，如图9-40所示。

图9-40 出差借款单新增

根据实验数据录入出差借款单。如图9-41所示，报销人为郝晓娇+学号，申请日期为2019-08-02，职位为销售经理，部门为营销中心+姓名，费用承担公司为环球日化深圳销售有限公司+姓名，事由为连续出差重庆、成都、眉山了解各地销售情况；选择收款人为郝晓娇+学号；根据实验数据录入借款明细，出差补贴录入其他费用，录入完毕后点击【提交】。

图 9-41　出差借款单录入完成并提交

如图 9-42 所示，在报销工作台页面，点击【申请中】—【刷新】—【当前节点】可以查看该出差借款单的下一个流程节点。

图 9-42　出差借款单流程节点查看

2. 出差借款单业务审批

销售经理郝晓娇提交出差借款单后，行政上级高宏明对业务的真实性进行审批。高宏明进入 EASweb 端，用户名为 ghm+学号，密码为空，点击【登录】进入我的工作台页面。双击待办事项下的相应单据（通过单据编码确认）进入单据审批页面，如图 9-43所示。

图 9-43　待办事项查看

　　行政上级张若阳对业务的真实性进行审批。本案例真实发生，审批处理选择同意，点击【提交】，如图 9-44 所示。

图 9-44　出差借款单业务审批

3. 出差借款单共享审批

　　费用共享岗马超俊根据财务审批规则审批获取到的单据。马超俊进入 EASweb 端，用户名为 mcj+学号，密码为空，点击【登录】进入我的工作台页面。点击【应用】—【财务共享】—【费用共享】—【费用任务池】进入费用任务池页面，如图 9-45 所示。

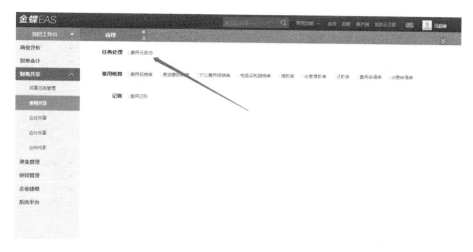

图 9-45　费用任务池

如图 9-46 所示，点击【找的任务】—【出差借款单】—【更多】—【获取任务】获取出差借款单。

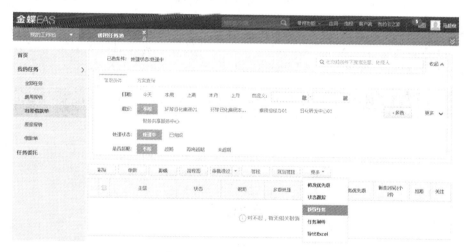

图 9-46　出差借款单获取

如图 9-47 所示，双击相应单据（通过费用报销单据编号确认）进入单据处理页面，费用共享岗根据财务审批规则审批该案例，本案例打回，决策项为打回上一级，处理意见为出差补贴及其他零星费用不予借支，点击【提交】。

图 9-47　出差借款单共享审批

如图 9-48 和图 9-49 所示，在费用任务池页面，点击【我的任务】—【出差借款单】，处理状态选择已完成筛选出差借款单。勾选相应单据（通过单据编号确认），点击【流程图】可以查看该出差借款单的流程图。

图 9-48　出差借款单流程图查看

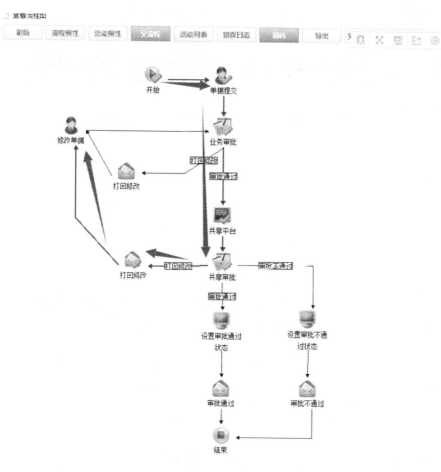

图 9-49 出差借款单流程

单据被打回后，销售经理郝晓娇收到打回提醒，修改后重新提交单据。郝晓娇进入 EASweb 端，用户名为 hxj+学号，密码为空，点击【登录】进入我的工作台页面。如图 9-50 所示，点击【流程】—【通知】，查看打回提醒。

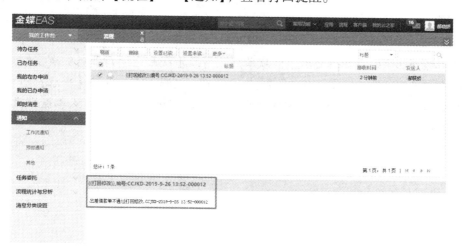

图 9-50 通知查看

点击【应用】—【财务会计】—【费用管理】—【报销工作台】，进入报销工作台页面，如图9-51所示。

图9-52 报销工作台

如图9-53所示，点击【申请中】—【刷新】获取被打回的出差借款单，双击进入单据编辑页面，修改借款明细的其他费用为0，点击【提交】。

图9-53 出差借款单修改并提交

销售经理郝晓娇重新提交出差借款单后，行政上级高宏明对业务的真实性进行审批。高宏明进入 EASweb 端，用户名为 ghm+学号，密码为空，点击【登录】进入我的工作台页面。双击待办事项下的相应单据（通过单据编码确认）进入单据审批页面，如图9-54所示。

图 9-54　待办事项查看

行政上级高宏明对业务的真实性进行审批。本案例真实发生，审批处理选择同意，点击【提交】，如图 9-55 所示。

图 9-55　出差借款单业务审批

费用共享岗马超俊根据财务审批规则审批获取到的单据。马超俊进入 EASweb 端，用户名为 mcj+学号，密码为空，点击【登录】进入我的工作台页面。点击【应用】—【财务共享】—【费用共享】—【费用任务池】进入费用任务池页面。

如图 9-56 所示，点击【我的任务】—【出差借款单】—【更多】—【获取任务】获取出差借款单。

图 9-56　出差借款单获取

如图 9-57 所示，双击相应单据（通过出差借款单据编号确认）进入单据处理页面，费用共享岗根据财务审批规则审批该案例，本案例审批通过，分别录入每个行程的原币核定金额，点击【提交】。

图 9-57　出差借款单录入原币核定金额

4. 关联生成付款单

费用共享岗马超俊根据审批后的出差借款单下推付款单。点击【应用】—【财务共享】—【费用共享】—【出差借款单】进入出差借款单页面，如图 9-58 所示。

图9-58 出差借款单查询

如图9-59所示，选择公司为环球日化深圳销售有限公司+姓名，日期为2019-08-01至2019-08-31，点击【确定】筛选出差借款单。勾选相应单据（通过出差借款单据编号确认），点击【关联生成】，选择目标单据为付款单，转换规则为出差借款单到付款单（付款用），点击【确定】进入付款单编辑页面。

图9-59 出差借款单关联生成付款单

根据实验数据录入相关信息。如图9-60所示，付款公司为环球日化深圳销售有限公司+姓名，业务日期为2019-08-02，付款类型为其他，选择付款账户；对方科目为其他应收款，录入完毕后点击【提交】。

图 9-60 付款单录入完成并提交

付款单录入完成并提交后，参照前序实验相关步骤操作，完成付款单共享审批、付款、凭证生成、指定流量并复核、凭证审核等相关步骤。

实验四：差旅报销

（一）审批规则

1. 金蝶财务共享应用实践平台操作案例——出差申请单

（1）适用范围：员工出差前，需向公司提出出差申请单，用于差旅管理与控制。

（2）主要审批规则：必须在出差前提交出差申请单，且保证一个项目出具一个出差申请。

2. 金蝶财务共享应用实践平台操作案例——差旅费报销单

（1）适用范围：用于支持项目、拜访客户、需求调研等产生的差旅费，及因参加会议、市场活动、培训专项活动产生的差旅费报销，为支持项目租房而发生的房租、中介费、水电费、网络费、日常生活用品费等。

（2）主要审批规则：①出差补贴为 100 元/天，算法为"算头不算尾"，按照自然天数计发补贴；出差地点更换时，需要分行填写明细信息。②出差人员应入住公司标准内的酒店（普通员工 400 元，总监、经理级别及以上 500 元）。③出差中发生的招待费、礼品费、会务费、报名费等非差旅费用，填报费用报销单。

（二）实验数据

6 月 5 日，环球日化深圳销售有限公司副总经理高宏明出差北京与中国日用化工行业协会会长交流，预计出差两天。6 月 4 日，高宏明（ghm+学号）提交出差申请，预计费用 5 000 元。6 月 8 日，高宏明（ghm+学号）关联出差申请生成差旅报销单提交到共享中心审批，费用明细如表 9-3 所示。

表 9-3　差旅报销明细

日期	地点	始终行程	长途交通费/元	市内交通费/元	住宿费/元	出差补贴/元	其他费用
6 月 5 日	深圳	深圳—北京	1 200	120	500	100	给协会会长送礼品，费用2 000元
6 月 6 日	北京	北京—北京		200	500	100	请协会会长观看话剧演出，票价380 元，共进晚餐，餐饮费640元
6 月 7 日	北京	北京—深圳	1 200	120			

（三）操作指导

1. 出差申请单提交

员工出差前必须提交出差申请单，环球日化深圳销售有限公司副总经理高宏明出差北京提交出差申请单。

员工提交报销前需要先录入员工个人收款信息，此步骤参考（建立集团-系统初始化-费用管理设置相关实验步骤）

高宏明进入 EASweb 端，用户名为 ghm+学号，密码为空，点击【登录】进入我的工作台页面。点击【应用】—【财务会计】—【费用管理】—【报销工作台】进入报销工作台页面，如图 9-61 所示。

图 9-61　报销工作台

如图 9-62 所示，点击【出差申请】新增出差申请单。

图 9-62　出差申请单新增

　　根据实验数据录入出差申请单。如图 9-63 所示，申请人为高宏明+学号，申请日期为 2019-06-04，职位为副总经理，部门为营销中心+姓名，费用承担公司为环球日化深圳销售有限公司+姓名；事由为出差北京与中国日用化工行业协会会长交流；出发日期为 2019-06-05，返回日期为 2019-06-07，交通工具为飞机，出发地为深圳，目的地为北京，预计金额为 5 000，录入完毕后点击【提交】。

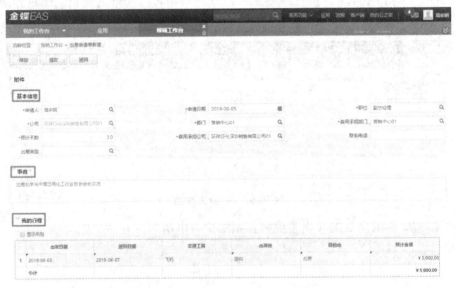

图 9-63　出差申请单录入完成并提交

2. 出差申请单审批

　　环球日化深圳销售有限公司副总经理高宏明提交出差申请单后，行政上级明大成对业务的真实性进行审批。明大成进入 EASweb 端，用户名为 mdc+学号，密码为空，点击【登录】进入我的工作台页面双击待办事项下的相应单据（通过单据编码确认）进入单据审批页面，如图 9-64 所示。

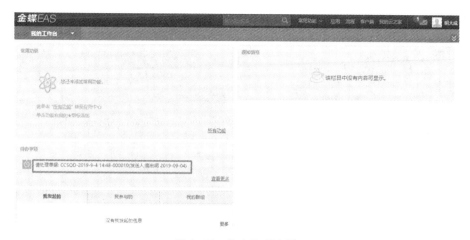

图 9-64　待办事项查看

行政上级明大成对业务的真实性进行审批。本案例真实发生，审批处理选择同意，点击【提交】，如图 9-65 所示。

图 9-65　出差申请单审批

3. 出差申请单关联差旅报销单提交

环球日化深圳销售有限公司副总经理高宏明出差回来后，关联出差申请单提交差旅报销单。高宏明进入 EASweb 端，用户名为 ghm+学号，密码为空，点击【登录】进入我的工作台页面。点击【应用】—【财务会计】—【费用管理】—【报销工作台】进入报销工作台页面，如图 9-66 所示。

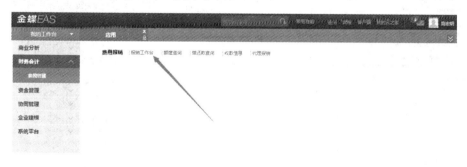

图 9-66　报销工作台

点击【待报销】—【刷新】获取出差申请单，点击相应单据（通过单据编号确认）进入出差申请单查看页面，如图 9-67 所示。

图 9-67　出差申请单获取

　　如图 9-68 和图 9-69 所示，点击【关联生成】，选择目标单据为差旅费报销单，转换规则为出差申请单到差旅费报销单，点击【确定】进入差旅费报销单编辑页面。

图 9-68　出差申请单关联生成差旅费报销单

图 9-69　转换规则出差申请单到差旅费报销单

根据实验数据录入差旅费报销单。如图 9-70、图 9-71、图 9-72 和图 9-73 所示，报销人为高宏明+学号，职位为副总经理，申请日期为 2019-06-08，公司为环球日化深圳销售有限公司+姓名，部门为营销中心+姓名，根据实验数据录入费用明细，录入完毕后点击【提交】。

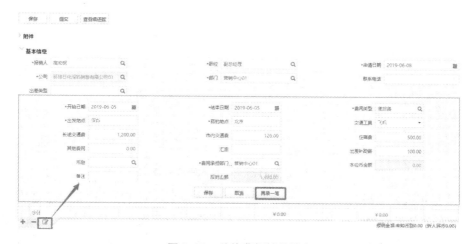

图 9-70　差旅费报销单录入

图 9-71　差旅费报销单录入

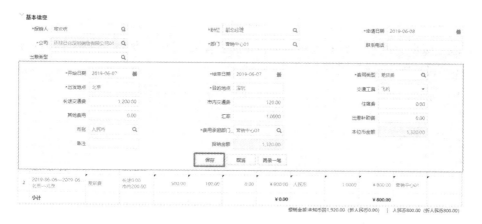

图 9-72　差旅费报销单录入

图 9-73　差旅费报销单录入完成并提交

4. 业务审批差旅报销单

环球日化深圳销售有限公司副总经理高宏明提交差旅报销单后，行政上级明大成对业务的真实性进行审批。明大成进入 EASweb 端，用户名为 mdc+学号，密码为空，点击【登录】进入我的工作台页面。双击待办事项下的相应单据（通过单据编码确认）进入单据审批页面，如图 9-74 所示。

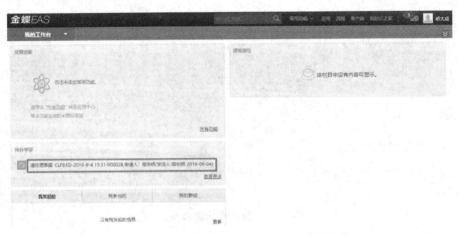

图 9-74　待办事项查看

行政上级明大成对业务的真实性进行审批。本案例真实发生，审批处理选择同意，点击【提交】，如图 9-75 所示。

请处理单据：CLFBXD-2019-9-4 15:31-000028,申请人：高宏明

图 9-75 差旅费报销单业务审批

5. 共享审批差旅报销单

费用共享岗马超俊根据财务审批规则审批获取到的单据。马超俊进入 EASweb 端，用户名为 mcj+学号，密码为空，点击【登录】进入我的工作台页面。点击【应用】—【财务共享】—【费用共享】—【费用任务池】进入费用任务池页面，如图 9-76 所示。

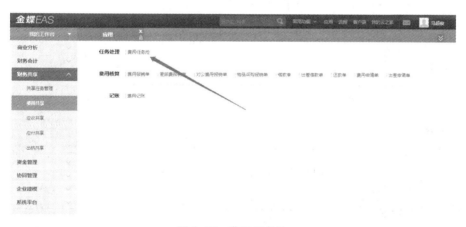

图 9-76 费用任务池

如图 9-77 所示，点击【我的任务】—【差旅报销】—【更多】—【获取任务】获取差旅费用报销单。

图 9-77　差旅费用报销单获取

　　双击相应单据（通过差旅费报销单据编号确认）进入单据处理页面，费用共享岗根据财务审批规则审批该案例，本案例审批通过，录入每个行程的原币核定金额，点击【提交】，如图 9-78 所示。

图 9-78　差旅费用报销单共享审批

三、练习任务

1. 练习一

环球日化深圳销售有限公司销售经理郝晓娇在 8 月 3 日至 8 月 6 日出连续出差至重庆、成都和眉山了解各地销售情况。8 月 7 日，郝晓娇（hxj+学号）关联案例三借款单提交差旅报销单。（实验数据见实训平台【共享实践】模块第 27 题）

2. 练习二

8 月 18 日，环球日化集团本部研发工程师吴华忠为改进产品，与研发技术员许彬同行，拜访广州地区经销商及客户广州天天日用贸易公司，费用明细如下：8 月 17 日，许彬（xb+学号）、吴华忠（whz+学号）提交出差申请，预计费用 200，关联出差申请生成差旅报销单提交到共享中心审批。（实验数据见实训平台【共享实践】模块第 28 题）

3. 练习三

8月3日，环球日化集团本部研发部某员工因工住院，副总经理高宏明（ghm+学号）送去公司慰问金3 000元，提交费用报销单。

4. 练习四

8月18日，环球洗涤用品深圳有限公司采购员李霞采购了一批月饼礼盒，作为中秋福利发放给员工，共计花费50 000元。8月18日，李霞（lx+学号）提交费用报销单。

5. 练习五

8月18日，环球日化深圳销售有限公司人事经理许赟报销高级人才招聘费用，其中猎头费2 000元，网络招聘费3 000元。8月18日，许赟（xy+学号）提交费用报销单。

6. 练习六

8月18日，环球日化深圳销售有限公司人事经理许赟报销新员工培训费用，讲师费2 600元，场地费600元，教材资料费120元。8月18日，许赟（xy+学号）提交费用报销单。

7. 练习七

8月24—25日，环球洗涤用品深圳有限公司采购经理张若阳参加广州嘉润宏达管理咨询公司的专业采购管理的培训课程。8月26日，张若阳（zry+学号）提交差旅报销单（费用明细见实训平台【共享实践】模块第33题）

8. 练习八

8月8日，环球日化深圳销售有限公司财务经理杨云云和环球洗涤用品深圳有限公司财务经理曹国寅参加中国CFO高峰论坛。8月9日，曹国寅（cgy+学号）提交费用报销单（费用明细见实训平台【共享实践】模块第34题）

9. 练习九

8月8—12日，环球日化深圳销售有限公司销售员贺小明计划出差拉萨做市场调研和客户调研。8月8日，贺小明提交出差申请，预计费用5 000元。8月13日，贺小明关联出差申请单提交差旅报销单（费用明细见实训平台【共享实践】模块第35题）

第十章

固定资产共享

一、模块概述

固定资产共享系统是财务共享管理信息系统的组成模块，系统支持日常核算、折旧管理、记账、对账、结账等资产业务基本功能，这些功能都按财务共享的场景进行了功能重新设计，打破了组织的界限，提供多组织的批量处理，旨在提高共享人员工作效率。

固定资产共享的常用单据有以下四个：

（1）固定资产卡片：固定资产卡片是记录固定资产信息的载体，通过新增卡片，用户可以对增加的资产进行登记处理。

（2）固定资产清理：当因报废、出售、投资、捐赠等发生减少固定资产的情况时，需要进行固定资产的清理。

（3）固定资产变更：当企业固定资产信息发生变化时，可以通过固定资产变更单进行变更。

（4）固定资产调拨：当集团内部公司间发生固定资产转移时，可以进行资产的调拨处理，从而提高固定资产的使用效率。

二、实验练习

实验一：卡片新增业务

（一）审批规则

金蝶财务共享应用实践平台案例——固定资产卡片单。

（1）适用范围：企业发生固定资产新增时，填写固定资产卡片，记录固定资产信息。

（2）主要审批规则：采购的固定资产发票需要盖章生效的增值税发票，且开票方与往来户一致。收到捐赠的固定资产需要上传捐赠单位的增值税发票。

（二）实验数据

2017 年 1 月 3 日，环球洗涤用品深圳有限公司生产部向博思科技有限公司购入一台洗涤用品合成机，原值为 35 000 元。环球洗涤用品深圳有限公司固定资产会计崔文

涛（cwt+学号）提交固定资产卡片。（固定资产数据信息见实训平台【共享实践】模块第36题）

（三）操作指导

1. 固定资产卡片提交

环球洗涤用品深圳有限公司固定资产会计崔文涛提交固定资产卡。崔文涛进入EASweb端，用户名为cwt+学号，密码为空，点击【登录】进入我的工作台页面。如图10-1所示，点击【崔文涛】—【组织—切换】切换组织为环球洗涤用品深圳有限公司+姓名，点击【确定】。

图 10-1　EAS 网页端登录

如图10-2所示，点击【应用】—【财务会计】—【固定资产】—【固定资产新增】新增固定资产卡片。

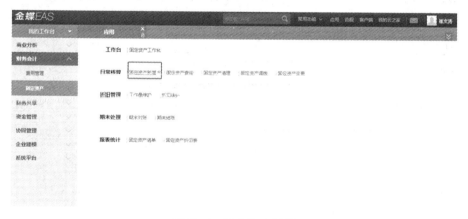

图 10-2　固定资产新增

如图10-3、图10-4、图10-5和图10-6所示，根据实验数据录入卡片信息、实物信息、原值与折旧、科目与分摊、使用部门页签的信息，添加附件：洗涤用品合成机发票，录入完毕后点击【提交】。

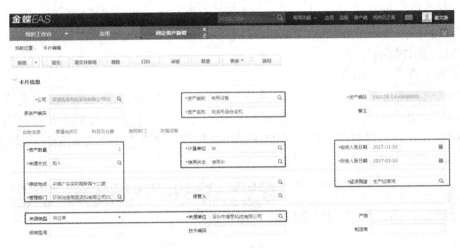

图 10-3　固定资产实物信息录入

图 10-4　固定资产原值与折旧录入

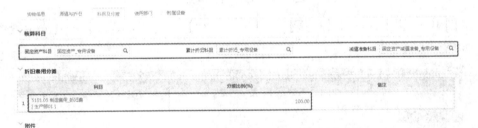

图 10-5　固定资产科目与分摊录入

图 10-6　固定资产使用部门录入完成并提交

2. 固定资产卡片审批

固定资产共享岗齐振英共享审批固定资产卡片。齐振英进入 EASweb 端，用户名为 qzy+学号，密码为空，点击【登录】进入我的工作台页面。如图 10-7 所示，点击【应用】—【财务共享】—【固定资产共享】—【固定资产查询】进入固定资产卡片序时簿。

图 10-7　固定资产查询

如图 10-8 所示，选择公司为环球洗涤用品深圳有限公司+姓名、日期为 2017-01-01 至 2017-01-31，点击【确定】筛选固定资产卡片。勾选相应固定资产卡片（通过资产编码确认），点击【审核】。

图 10-8　固定资产卡片审批

3. 关联生成付款单

固定资产共享岗齐振英根据审批后的资产卡片下推付款单。如图 10-9 和图 10-10 所示，勾选相应固定资产卡片（通过资产编码确认），点击【更多】—【关联生成】，选择目标单据为付款单，转换规则为卡片生成付款单，点击【确定】进入付款单编辑页面。

图 10-9　固定资产卡片关联生成付款单

图 10-10　转换规则卡片生成付款单

根据实验数据录入相关信息。如图 10-11 所示，付款公司为环球洗涤用品深圳有限公司+姓名，业务日期为 2017-01-03，付款类型为其他，选择付款账户；对方科目为固定资产——专用设备，录入完毕后点击【提交】。

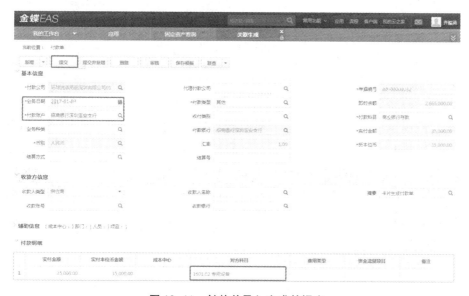

图 10-11　付款单录入完成并提交

付款单录入完成并提交后，参照前序实验相关步骤操作，完成付款单共享审批、付款、凭证生成、指定流量并复核、凭证审核等相关步骤。

实验二：卡片变更业务审批规则

（一）审批规则

金蝶财务共享应用实践平台案例——固定资产变更单。

（1）适用范围：当企业固定资产信息发生变化时，可以通过固定资产变更单进行变更。

（2）主要审批规则：进行固定资产变更的卡片需附有盖章生效的发票。

（二）实验数据

2017 年 1 月 5 日，环球洗涤用品深圳有限公司发现案例一中新购入的一台洗涤用品合成机故障，返厂维修，变更固定资产的使用状态为"大修中"。固定资产会计崔文涛（cwt+学号）提交固定资产变更单。

（三）操作指导

1. 固定资产卡片提交

资产状态发生变更，固定资产会计崔文涛提交变更单。崔文涛进入 EASweb 端，用户名为 cwt+学号，密码为空，点击【登录】进入我的工作台页面。如图 10-12 所示，点击【崔文涛】—【组织-切换】切换组织为环球洗涤用品深圳有限公司+姓名，点击【确定】。

图 10-12　EAS 网页端登录

点击【应用】—【财务会计】—【固定资产】—【固定资产变更】进入固定资产变更界面，如图 10-13 所示。

图 10-13　固定资产变更

如图 10-14 和图 10-15 所示，点击【新增】进入固定资产卡片序时簿。根据实验数据勾选需要变更的固定资产卡片，点击【确定】新增变更单。

图 10-14　固定资产变更单新增

图 10-15　选择需要变更的固定资产卡片

根据案例背景修改相关信息。如图 10-16 所示，变更日期为 2017-01-05，变更方式为变更，使用状态为大修中，修改完毕后点击【提交】。

图 10-16　固定资产变更单录入完成并提交

2. 固定资产变更单审批

固定资产共享岗齐振英审批变更单。齐振英进入 EASweb 端，用户名为 qzy+学号，密码为空，点击【登录】进入我的工作台页面。点击【应用】—【财务共享】—【固定资产共享】—【固定资产变更】进入固定资产变更单查询界面，如图 10-17 所示。

图 10-17　固定资产变更单查询

如图 10-18 所示，选择公司为环球洗涤用品深圳有限公司+姓名，日期为 2017-01-01 至 2017-01-31，点击【确定】筛选固定资产变更单。勾选相应单据（通过单据编号确认），点击【审核】。

图 10-18　固定资产变更单审核

实验三：卡片调拨业务

（一）审批规则

（1）适用范围：当集团内部公司间发生固定资产转移的时候，需要填写固定资产调拨单。

（2）主要审批规则：①进行调拨的卡片需附有盖章生效的发票；②进行固定资产调拨时需提供盖章生效的资产调拨申请。

（二）实验数据

2017 年 1 月 12 日，环球日化集团本部向深圳星联心电脑设备有限公司购入投影仪 8 台，安装在本部大楼各大会议室，设备原值为 6 000 元/台。本部固定资产会计齐振英提交固定资产卡片。

1 月 20 日，环球日化深圳销售有限公司计划购买 3 台投影仪，与环球日化集团本部协商沟通后，从本部调拨 3 台投影仪到销售公司，调出时间为月底，调出组织为环球日化集团本部，调入组织为环球日化深圳销售有限公司。由各个公司的固定资产会计负责调拨业务。（固定资产数据信息见实训平台【共享实践】模块第38题）

（三）操作指导

1. 固定资产调拨单提交

参照前序实验操作步骤，完成固定资产卡片提交、固定资产卡片审批、关联生成付款单、付款单共享审批并付款、凭证生成、指定流量并复核、凭证审核等步骤。完成凭证审核后，1月20日，发生调拨业务，由调出组织环球日化集团本部固定资产会计齐振英新增固定资产调拨单。齐振英进入EASweb端，用户名为qzy+学号，密码为空，点击【登录】进入我的工作台页面。如图10-19所示，点击【齐振英】—【组织—切换】切换组织为环球日化集团本部+姓名，点击【确定】。

图 10-19　EAS 网页端登录

点击【应用】—【财务会计】—【固定资产】—【固定资产调拨】进入固定资产调拨单序时簿界面，如图10-20所示。

图 10-20　固定资产调拨

点击【新增】进入固定资产卡片序时簿，根据案例背景勾选需要调拨的固定资产卡片，点击【确定】进入调拨单编辑界面，如图 10-21 所示。

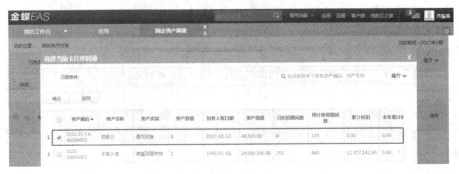

图 10-21　固定资产调拨单新增

根据实验数据相关信息。如图 10-22 所示，调拨日期为 2017-01-31，调出组织为环球日化集团本部+姓名，调入组织为环球日化深圳销售有限公司+姓名，调拨方式为调出，调出方负责人为齐振英+学号，调入方负责人为周爱民+学号；资产明细中的调拨数量为 3，添加附件：调拨申请单. png，录入完毕后点击【提交】。

图 10-22　固定资产调拨单录入完成并提交

2. 固定资产调拨单审核

固定资产共享岗齐振英审核固定资产调拨单。如图 10-23 所示，进入固定资产调拨单序时簿，选择公司为环球日化集团本部+姓名，调拨日期为 2017-01-31，调拨来源为调出，点击【确定】筛选调拨单。勾选相应单据（通过单据编号确认），点击【审核】。

图 10-23 固定资产调拨单审核

3. 固定资产调拨单确认

调入组织环球日化深圳销售有限公司固定资产会计周爱民确认资产调拨。周爱民进入 EASweb 端，用户名为 zam+学号，密码为空，点击【登录】进入我的工作台页面。如图 10-24 所示，点击【周爱民】—【组织-切换】切换组织为环球日化深圳销售有限公司+姓名，点击【确定】。

图 10-24 EAS 网页端登录

如图 10-25 所示，点击【应用】—【财务会计】—【固定资产】—【固定资产调拨】进入固定资产调拨单序时簿。

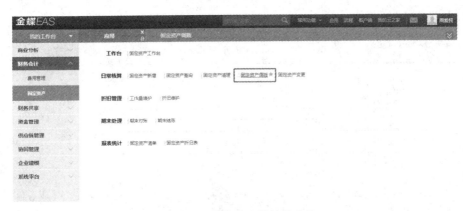

图 10-25　固定资产调拨单查询

如图 10-26 所示，选择公司为环球日化深圳销售有限公司+姓名、日期为 2017-01-01
至 2017-01-31，调拨来源为调入，点击【确定】筛选固定资产调拨单。勾选相应单据
（通过单据编号确认），点击【确认】。

图 10-26　固定资产调拨单确认

4. 固定资产清理单审核

固定资产调拨单被确认后，调出组织环球日化集团本部会自动提交一张固定资产
清理卡片，由固定资产共享岗齐振英审核清理单。齐振英进入 EASweb 端，用户名为
qzy+学号，密码为空，点击【登录】进入我的工作台页面。

如图 10-27 所示，点击【应用】—【财务共享】—【固定资产共享】—【固定资
产清理】进入固定资产清理单序时簿。

图 10-27 固定资产清理单查询

如图 10-28 所示，选择公司为环球日化集团本部+姓名，清理日期为 2017-01-01 至 2017-01-31，点击【确定】筛选固定资产清理单。勾选相应单据（通过单据编码确认），点击【审核】。

图 10-28 固定资产清理单审核

5. 固定资产卡片提交

资产调拨单被确认后，调入组织环球日化深圳销售有限公司会自动提交一张固定资产卡片，由固定资产会计周爱民提交。周爱民进入 EASweb 端，用户名为 zam+学号，密码为空，点击【登录】进入我的工作台页面。如图 10-29 所示，点击【周爱民】—【组织—切换】切换组织为环球日化深圳销售有限公司+姓名，点击【确定】。

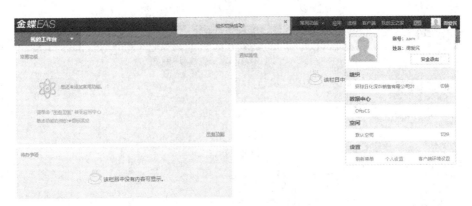

图 10-29　EAS 网页端登录

如图 10-30 所示，点击【应用】—【财务会计】—【固定资产】—【固定资产查询】进入固定资产卡片序时簿。选择公司为环球日化深圳销售有限公司+姓名，日期为 2017-01-01 至 2017-01-31，点击【确定】筛选固定资产卡片。

图 10-30　固定资产卡片查询

双击相应固定资产卡片进入卡片查看页面，点击【修改】进入卡片编辑界面，如图 10-31 所示。

图 10-31　固定资产卡片修改

如图 10-32、图 10-33、图 10-34 和图 10-35 所示，根据实验数据录入卡片信息、实物信息、原值与折旧、科目与分摊、使用部门页签的信息，录入完毕后点击【提交】。

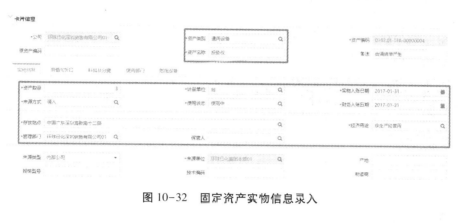

图 10-32　固定资产实物信息录入

图 10-33　固定资产科目与分摊录入

图 10-34　固定资产使用部门录入

图 10-35　固定资产卡片录入完成并提交

6. 固定资产卡片审核

固定资产共享岗齐振英审核由调入组织固定资产会计周爱民提交的固定资产卡片。齐振英进入 EASweb 端，用户名为 qzy+学号，密码为空，点击【登录】进入我的工作台页面。

如图 10-36 所示，点击【应用】—【财务共享】—【固定资产共享】—【固定资产查询】进入固定资产卡片序时簿。

图 10-36　固定资产查询

如图 10-37 所示，选择公司为环球日化深圳销售有限公司+姓名，日期为 2017-01-01 至 2017-01-31，点击【确定】筛选固定资产卡片。勾选相应固定资产卡片（通过资产编码确认），点击【审核】。

图 10-37　固定资产卡片审核

实验四：卡片清理业务

（一）审批规则

金蝶财务共享应用实践平台案例——固定资产清理单。

（1）适用范围：当因报废、出售、投资、捐赠等原因发生减少固定资产的情况时，需要新增固定资产清理单。

（2）主要审批规则：①进行清理的固定资产卡片需附有盖章生效的发票；②因报废进行清理的资产需提供固定资产报废申请；③因出售进行清理的资产需提供收据等证明文件。

（二）实验数据

2017 年 1 月 31 日，环球洗涤用品深圳有限公司生产部有一台期初的洗涤用品合成机报废，出售残料收到现金 1 200 元。环球洗涤用品深圳有限公司固定资产会计崔文涛（cwt+学号）提交固定资产清理单。

（三）操作指导

1. 固定资产清理单提交

选择固定资产卡片进行固定资产清理单新增，如果是新增的固定资产卡片发生清理业务，请先完成固定资产卡片的新增。环球洗涤用品深圳有限公司固定资产会计崔文涛提交固定资产清理单。如图 10-38 所示，点击【崔文涛】—【组织—切换】切换组织为环球洗涤用品深圳有限公司+姓名，点击【确定】。

图 10-38　EAS 网页端登录

如图 10-39 所示，点击【应用】—【财务会计】—【固定资产】—【固定资产清理】进入固定资产清理单序时簿。

图 10-39　固定资产清理

点击【新增】进入固定资产卡片序时簿，根据案例背景勾选需要清理的固定资产卡片，点击【确定】新增固定资产清理单。根据实验数据录入相关信息，如图 10-40 所示，清理日期为 2017-01-31，清理方式为报废；资产明细中的清理数量为 1，处置收入为 1 200 元；添加附件：报废申请单. png。录入完毕后点击【提交】。

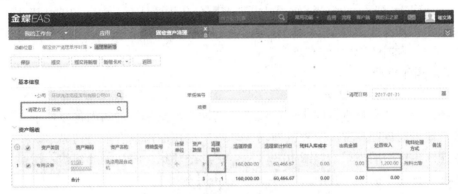

图 10-40　固定资产清理单录入完成并提交

2. 固定资产清理单审批

资产共享岗齐振英审核清理单，如果不符合审核规则，则不审核。齐振英进入 EASweb 端，用户名为 qzy+学号，密码为空，点击【登录】进入我的工作台页面。如图 10-41 所示，点击【应用】—【财务共享】—【固定资产共享】—【固定资产清理】进入固定资产清理单序时簿。

图 10-41　固定资产清理单查询

如图 10-42 所示，选择公司为环球洗涤用品深圳有限公司+姓名，清理日期为 2017-01-01 至 2017-01-31，点击【确定】筛选固定资产清理单。勾选相应单据（通过单据编码确认），点击【审核】。

图 10-42　固定资产清理单审核

如图 10-43 所示，单据审核后，点击【生成凭证】进入凭证编辑页面。新增科目为人民币，输入借方金额为 1 200 元，固定资产清理借方金额为 98 333.33 元，记账日期为 2017-01-31，录入完毕后点击【保存】。

图 10-43　凭证录入完成并保存

参照前序实验操作步骤，完成凭证提交并指定现金流量、复核、凭证审核等步骤。

实验五：折旧业务

（一）实验数据

2017 年 1 月底，固定资产共享岗齐振英（qzy+学号）批量完成各个分子公司折旧的计提。

（二）操作指导

1. 批量计提折旧并审核折旧

资产共享岗齐振英使用批量折旧功能，批量计提各个分子公司资产折旧。齐振英进入 EASweb 端，用户名为 qzy+学号，密码为空，点击【登录】进入我的工作台界面。点击【应用】—【财务共享】—【固定资产共享】—【批量折旧】进入批量折旧界面，如图 10-44 所示。

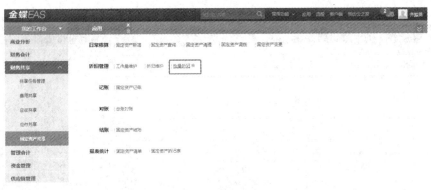

图 10-44　批量折旧界面

如图 10-45 所示，在批量折旧界面，勾选公司为环球日化集团本部+姓名、环球日化深圳销售有限公司+姓名、环球洗涤用品深圳有限公司+姓名，点击【计提折旧】。

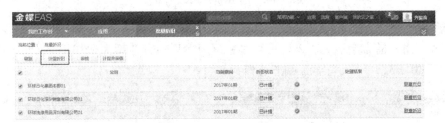

图 10-45　计提折旧

如图 10-46 所示，折旧已计提后，勾选各个子公司，点击【审核】。

图 10-46　折旧审核

2. 生成折旧凭证

资产共享岗齐振英分别生成各个分子公司的折旧凭证。点击【应用】—【财务共享】—【固定资产共享】—【折旧维护】进入折旧管理页面。选择公司为环球日化集团本部+姓名，点击【确定】筛选固定资产卡片。选择相应固定资产卡片，点击【生成凭证】进入凭证编辑界面，如图 10-47 所示。

图 10-47　环球日化集团本部生成折旧凭证

如图 10-48 所示，在凭证编辑界面，输入记账日期为 2017-01-31，点击【提交】。

图 10-48　凭证录入完成并提交

进入折旧管理界面，选择公司为环球日化深圳销售有限公司+姓名，点击【确定】
筛选固定资产卡片。选择相应固定资产卡片，点击【生成凭证】进入凭证编辑界面，
如图 10-49 所示。

图 10-49　环球日化深圳销售有限公司生成折旧凭证

如图 10-50 所示，凭证编辑界面，输入记账日期为 2017-01-31，点击【提交】。

图 10-50　凭证录入完成并提交

进入折旧管理界面，选择公司为环球洗涤用品深圳有限公司+姓名，点击【确定】筛选固定资产卡片。选择相应固定资产卡片，点击【生成凭证】进入凭证编辑界面，如图 10-51 所示。

图 10-51　环球洗涤用品深圳有限公司生成折旧凭证

如图 10-52 所示，在凭证编辑界面，输入记账日期为 2017-01-31，点击【提交】。

图 10-52　凭证录入完成并提交

参照前序实验相关操作，完成凭证审核。

三、练习任务

1. 练习一

2017 年 1 月 20 日，环球洗涤用品深圳有限公司生产部接受供应商深圳市博思科技有限公司捐赠的等离子乳化反应釜一台，原值为 10 000 元，已使用 1 年，累计折旧 1 900 元。环球洗涤用品深圳有限公司固定资产会计崔文涛（cwt+学号）提交固定资产卡片。（固定资产数据信息见实训平台【共享实践】模块第 41 题）

2. 练习二

2017 年 1 月 31 日，环球日化深圳销售有限公司固定资产报废 10 台期初的笔记本电脑。固定资产会计周爱明（zam+学号）新增固定资产清理单。

3. 练习三

2017 年 1 月 14 日，环球日化集团本部从深圳市京华办公用品有限公司新购入 10 台打印一体机，原值为 6 000 元/台。月底，调拨 2 台打印机给环球日化深圳销售有限公司使用。环球日化集团本部固定资产会计齐振英（qzy+学号）完成新增和调拨业务。（固定资产数据信息见实训平台【共享实践】模块第 43 题）

4. 练习四

2017 年 1 月 31 日，环球日化集团本部购入一项新型除螨技术专利权。按照协议约定以银行存款支付，实际支付的价款为 2 000 000 元，并支付相关税费 123 000 元和有关专业服务费用 50 000 元，款项已通过银行转账支付。由本部固定资产会计齐振英（qzy+学号）英提交固定资产卡片记录无形资产信息。（固定资产数据信息见实训平台【共享实践】模块第 44 题）

5. 练习五

2017 年 1 月 16 日，环球日化集团本部采购一批笔记本电脑 60 台供新入职员工领用，设备原值为 5 500 元/台。环球日化集团本部固定资产会计齐振英（qzy+学号）提交固定资产卡片。（固定资产数据信息见实训平台【共享实践】模块第 45 题）

第十一章

出纳总账共享

一、模块概述

出纳总账共享系统是财务共享管理信息系统的组成模块，系统具有收付业务处理，日记账记账查询、凭证登账、出纳记账、对账、结账、初始化等出纳结算核算基本功能。这些功能都按财务共享的场景进行了功能重新设计，打破了组织的界限，提供多组织的批量处理。其次，该模式支持借助共享服务平台，自定义任务分配规则，推送到业务员处理平台，提高业务员处理效率等。另外，系统中银行日记账、资金汇总表等账表还支持多组织、多银行账户批量查询。

财务共享模式下，财务人员会负责多家公司多种凭证处理工作，记账中心提供一站式凭证处理，用户可以在记账中心一目了然地掌握所有待处理凭证，并快速找到单据进行多组织批量处理。

在集团公司中，一个财务人员每月可能要负责集团多家公司报表的编制、审批、上报工作。而通过金蝶 EAS 报表平台的财务共享模式，则不需要频繁切换财务组织、报表周期，就能实现多组织报表的批量处理，随时监控各家公司报表编制进度。对于固定模板的报表，该模式还可以实现自动批量编报，从而大大提高报表编制的及时性和准确性，实时监控各成员单位的财务状况和经营成果。

二、实验练习

实验一：收款

（一）审批规则

（1）适用范围：共享中心集中结算收款业务时，填写收款单，自动生成记账凭证并指定现金流量后提交、复核、审核。

（2）主要审批规则：①已收到款项需提供银行结算票据；②收款单结算方式与银行结算票据需一致。

（二）实验数据

为支持环球日化集团本部新产品研发，环球日化集团于 7 月 4 日，下拨 20 万元研发专项资金，7 月 5 日，环球日化集团本部的银行账户网银收到下拨资金。本部出纳陈晓陶（cxt+学号）提交资金下拨收款单到共享中心审批。

（三）操作指导

1. 收款单提交

发生收款业务时，出纳岗填写收款单，并保存、提交。本部出纳陈晓陶登录EASweb端，用户名为cxt+学号，密码为空，点击【登录】进入我的工作台页面。如图11-1所示，点击【应用】—【财务会计】—【出纳管理】—【收款单新增】新增收款单。

图11-1　收款单新增

在收款单新增页面，根据案例背景录入相关信息。如图11-2所示，收款类型为资金下拨，业务日期为2019-07-05，选择收款账户，结算方式为网银支付；付款方信息中的往来类型为其他，付款单位为环球日化集团+姓名；收款明细中的实收金额为200 000元，对方科目为吸收存款；添加附件资金调拨申请单.png，录入完毕后点击【提交】。

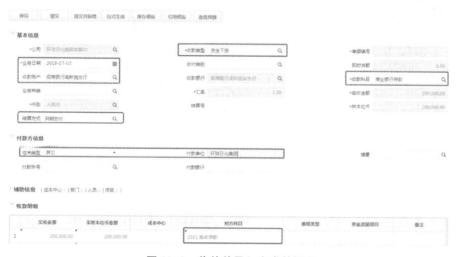

图11-2　收款单录入完成并提交

2. 收款单共享审核

资金共享岗欧阳杨共享审核收款单。欧阳杨进入 EASweb 端，用户名为 oyy+学号，密码为空，点击【登录】进入我的工作台界面。点击【应用】—【财务共享】—【共享任务管理】—【共享任务池】进入共享任务池界面，如图 11-3 所示。

图 11-3 共享任务池界面

如图 11-4 所示，在共享任务池界面，点击【我的任务】—【出纳收款单审核】—【更多】—【获取任务】获取收款单。

图 11-4 收款单获取

如图 11-5 所示，双击相应单据（通过单据编号确认）进入单据处理界面，资金共享岗根据财务审批规则审批该案例，本案例审批通过，点击【提交】。

图 11-5　收款单共享审批

3. 收款单执行收款

收到款项后，资金共享岗欧阳杨执行收款操作。如图 11-6 所示，点击【应用】—【财务共享】—【出纳共享】—【收款单处理】进入收款单序时簿。

图 11-6　收款单处理

如图 11-7 所示，在收款单序时簿，选择公司为环球日化集团本部+姓名，日期为 2019-07-01 至 2019-07-31，点击【确定】筛选收款单。勾选相应单据（通过凭证编号确认），点击【收款】。

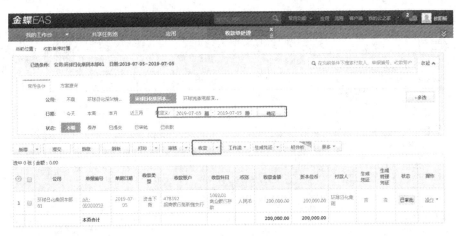

图 11-7　收款单收款

4. 收款单生成凭证、指定现金流量并复核

资金共享岗欧阳杨将收款后的收款单生成凭证。点击【生成凭证】进入凭证编辑界面，如图 11-8 所示。

图 11-8　收款单生成凭证

如图 11-9 所示，在凭证编辑界面，选择商业银行存款科目核算项目银行账户为招商银行高新园支行+学号，第二行分录科目为吸收存款；记账日期为 2019-07-05，录入完毕后点击【提交】进入现金流量页面。

图 11-9 凭证录入完成并提交

如图 11-10 所示，在现金流量界面，选择主表项目为吸收投资收到的现金，点击【确定】进入凭证编辑界面。

图 11-10 凭证指定现金流量

在凭证编辑界面复核该凭证，点击【更多】—【复核】，如图 11-11 所示。

图 11-12 凭证复核

5. 凭证审核

总账共享岗樊江波审核凭证。樊江波进入 EASweb 端，用户名为 fjb+学号，密码为空，点击【登录】进入我的工作台页面。如图 11-13 所示，点击【应用】—【财务共享】—【总账共享】—【凭证查询】进入凭证查询页面。

图 11-13 凭证查询

如图 11-14 所示，在凭证查询页面，选择公司为环球日化集团本部+姓名，日期为 2019-07-01 至 2019-07-31，点击【确定】筛选凭证。勾选相应凭证（通过凭证编号确认），点击【审核】。

图 11-14 凭证审核

实验二：付款

（一）审批规则

（1）适用范围：共享中心集中结算付款业务时，填写付款单，自动生成记账凭证并指定现金流量后提交、复核、审核。

（2）主要审批规则：如有合同，需要上传盖章生效的合同扫描件。

（二）实验数据

公司鼓励内部员工参加美容师认证资质培训，培训费 5 000 元，若员工获得资质证书，公司承担一半培训费。

8月份，环球日化集团本部共10人获得资质证书，公司将退还一半的培训费给员工。2019年8月30日，共享中心集中结算支付货款，本部出纳陈晓陶（cxt+学号）提交付款单到共享中心审批。

（三）操作指导

1. 付款单提交

发生付款业务时，出纳岗填写付款单，并保存、提交。本部出纳陈晓陶进入EASweb端，用户名为cxt+学号，密码为空，点击【登录】进入我的工作台页面。如图11-15所示，点击【应用】—【财务会计】—【出纳管理】—【付款单新增】新增付款单。

图 11-15　新增付款单

在付款单新增页面，根据案例背景录入相关信息。如图11-16所示，付款公司为环球日化集团本部+姓名，业务日期为2019-08-30，选择付款账户，结算方式为集中结算；付款明细中的实付金额为25 000，对方科目为职工福利费；添加附件：培训费.png，录入完毕后点击【提交】。

图 11-16　付款单录入完成并提交

2. 付款单共享审批

资金共享岗欧阳杨共享审批付款单。欧阳杨进入 EASweb 端,用户名为 oyy+学号,密码为空,点击【登录】进入我的工作台页面。如图 11-17 所示,点击【应用】—【财务共享】—【共享任务管理】—【共享任务池】进入共享任务池页面。

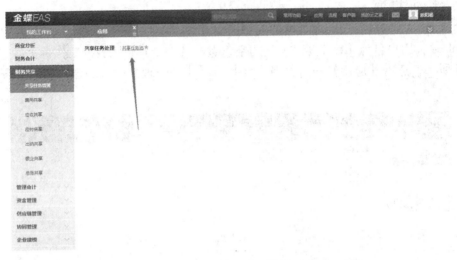

图 11-17　共享任务池

如图 11-18 所示,在共享任务池页面,点击【我的任务】—【出纳付款单审核】—【更多】—【获取任务】获取付款单。

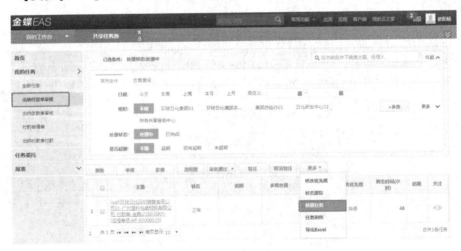

图 11-18　付款单获取

双击相应单据(过单据编号确认)进入单据处理页面,资金共享岗根据财务审批规则审批该案例,本案例审批通过,点击【提交】,如图 11-19 所示。

图 11-19　付款单共享审批

3. 付款单执行付款

资金共享岗对已审批的付款单执行付款。如图 11-20 所示，点击【应用】—【财务共享】—【出纳共享】—【付款单处理】进入付款单序时簿。

图 11-20　付款单处理

如图 11-21 所示，在付款单序时簿，选择公司为环球日化集团本部+姓名，日期为 2019-08-01 至 2019-08-31，点击【确定】筛选付款单。勾选相应单据（通过单据编号确认），点击【付款】。

图 11-21 付款单付款

4. 付款单生成凭证、指定现金流量并复核

资金共享岗欧阳杨根据审批后的付款单进行凭证处理。如图 11-22 所示，在付款单序时簿，勾选相应单据（通过单据编号确认），点击【生成凭证】进入凭证编辑页面。

图 11-22 付款单生成凭证

如图 11-23 所示，在凭证编辑页面，输入记账日期为 2019-08-30，点击【提交】进入现金流量页面。

图 11-23　凭证录入完成并提交

如图 11-24 所示，在现金流量页面，选择主表项目为支付给职工以及为职工支付的现金，点击【确定】进入凭证编辑页面。

图 11-24　凭证指定现金流量

在凭证编辑页面复核该凭证，点击【更多】—【复核】，如图 11-25 所示。

图 11-25　凭证复核

参照前序实验相关操作步骤，完成凭证审核。

实验三：结转损益

（一）实验数据

环球日化集团本部总账会计樊江波（fjb+学号）结束环球日化集团本部 2017 年 1 月的所有业务，生成结转损益凭证并过账。

（二）操作指导

1. 凭证过账

总账会计樊江波在环球日化集团本部过账所有凭证。樊江波进入 EASweb 端，用户名为 fjb+学号，密码为空，点击【登录】进入我的工作台页面。点击【樊江波】—【组织-切换】切换组织为环球日化集团本部+姓名，点击【确定】。

如图 11-26 所示，点击【应用】—【财务会计】—【总账】—【总账工作台】进入总账工作台页面。

图 11-26　总账工作台

在总账工作台页面，点击【未过账凭证】进入凭证查询页面，如图 11-27 所示。

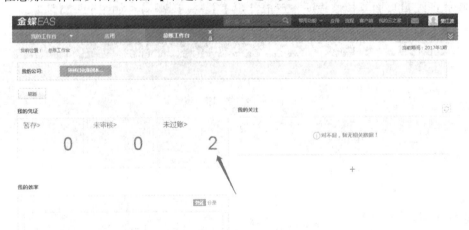

图 11-27　未过账凭证查询

如图 11-28 所示，在凭证查询页面，勾选所有未过账凭证，点击【过账】。

图 11-28　凭证过账

2. 提交结转损益凭证

本部总账会计樊江波在环球日化集团本部新建结转损益方案并生成结算损益凭证。如图 11-29 所示，点击【应用】－【财务会计】－【总账】—【结转损益】进入结转损益页面。

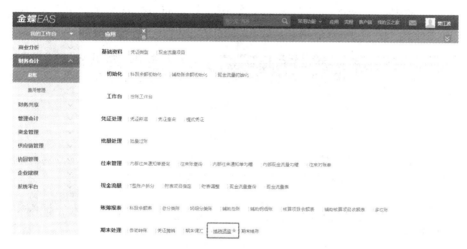

图 11-29　结转损益界面

如图 11-30 所示，在结转损益页面，点击【新增】新增结转损益方案。

图 11-30　结转损益方案新增

根据实验数据新增结转损益方案。如图 11-31 所示，公司为环球日化集团本部+姓名，方案编码为 001.学号，方案名称为结转损益方案+学号；凭证信息中的本年利润科目为本年利润，勾选全部损益科目结转，录入完毕后点击【保存并提交】。

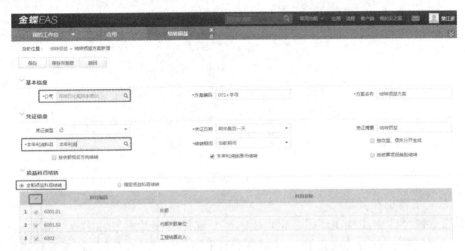

图 11-31　结转损益方案录入完成并提交

如图 11-32 所示，点击【返回】进入结转损益页面，勾选相关结转损益方案，点击【生成凭证】。

图 11-32　生成凭证

点击【已生成凭证字号】进入凭证查看页面，点击【修改】进入凭证编辑页面，如图 11-33 所示。

图 11-33　凭证修改

如图 11-34 所示，在凭证编辑页面，输入记账日期为 2017-01-31，点击【提交】。

图 11-34　凭证录入完成并提交

3. 审核结转损益凭证

总账共享岗樊江波审核环球日化集团本部提交的结转损益凭证。樊江波进入 EASweb 端，用户名为 fjb+学号，密码为空，点击【登录】进入我的工作台页面。如图 11-35 所示，点击【应用】—【财务共享】—【总账共享】—【凭证查询】进入凭证查询页面。

图 11-35　凭证查询

如图 11-36 所示，在凭证查询页面，选择公司为环球日化集团本部+姓名，日期为 2017-01-01 至 2017-01-31，点击【确定】筛选凭证。勾选相应凭证，点击【审核】。

图 11-36　凭证审核

4. 过账结转损益凭证

本部总账会计樊江波过账结转损益凭证。如图 11-37 所示，点击【应用】—【财务会计】—【总账】—【凭证查询】进入凭证查询页面。

图 11-37　凭证查询

如图 11-38 所示，在凭证查询页面，选择公司为环球日化集团本部+姓名，日期为 2017-01-01 至 2017-01-31，点击【确定】筛选凭证。勾选相应凭证，点击【过账】。

图 11-38　凭证过账

实验四：报表

（一）实验数据

报表共享岗刘长欢在环球日化集团导入三大报表模板作为公共报表模板，环球日化集团本部总账会计樊江波（fjb+学号）新增并计算 2017 年 1 月三大报表。

（二）操作指导

1. 报表模板制作

报表共享岗刘长欢登录 EAS 客户端，导入报表模板并审核。刘长欢进入 EAS 客户端，用户名为 Lch+学号，密码为空，点击【登录】进入系统平台页面。

如图 11-39 所示，在系统平台页面，选择组织为环球日化集团+姓名，点击【财务会计】—【报表管理】—【报表编制】—【模板制作】进入模板制作页面。

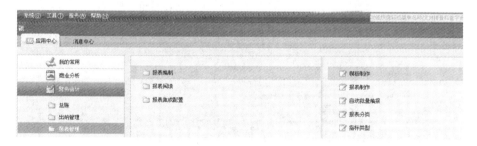

图 11-39　模板制作查询

在模板制作页面，点击【新增】新建模板，如图 11-40 所示。

图 11-40　模板新增查询

根据实验数据新建模板。如图 11-41 所示，公司为环球日化集团+姓名，模板编码为学号.001，模板名称为报表模板+姓名；勾选公共模板、允许下级组织修改模板，点击【确定】进入公共模板—新建页面。

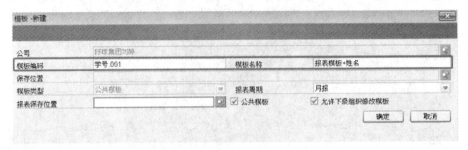

图 11-41　公共模板新建

如图 11-42 和图 11-43 所示，在公共模板-新建页面，点击【文件】—【导入】，选择文件名为报表模板—公共模板导入。

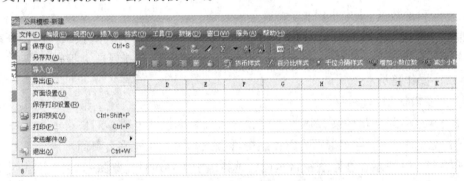

图 11-42　公共模板导入查询

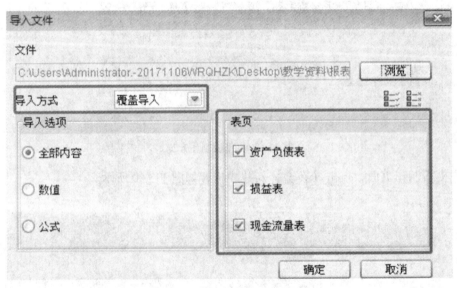

图 11-43　公共模板导入界面

如图 11-44 所示，模板导入成功后，在公共模板-新建页面，点击【保存】后再审批，点击【工具】—【审批】。

图 11-44　公共模板审批

2. 报表制作

本部总账会计樊江波登录 EAS 客户端，新增本部报表。樊江波进入 EAS 客户端，用户名为 fjb+学号，密码为空，点击【登录】进入系统平台页面。

如图 11-45 所示，在系统平台页面，选择组织为环球日化集团本部+姓名，点击【财务会计】—【报表管理】—【报表编制】—【报表制作】进入报表制作页面。

图 11-45　报表制作查询

在报表制作页面，点击【新增】新建报表，如图 11-46 所示。

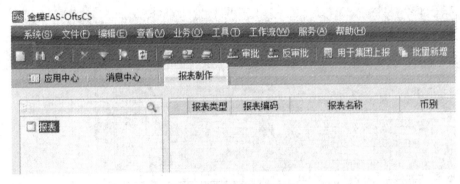

图 11-46　报表新增查询

根据实验数据新建报表。如图 11-47 所示，报表名称为三大报表+姓名，期间为 2017 年第 1 期，勾选选用普通模板创建报表，模板为学号.001—报表模板+姓名，点击【确定】进入报表新建页面。

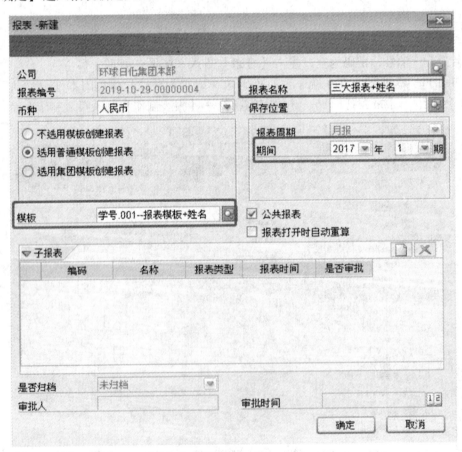

图 11-47　报表新建

在报表新建页面，点击工具栏【计算】，生成结果分别如图 11-48、图 11-49 和图 11-50 所示。

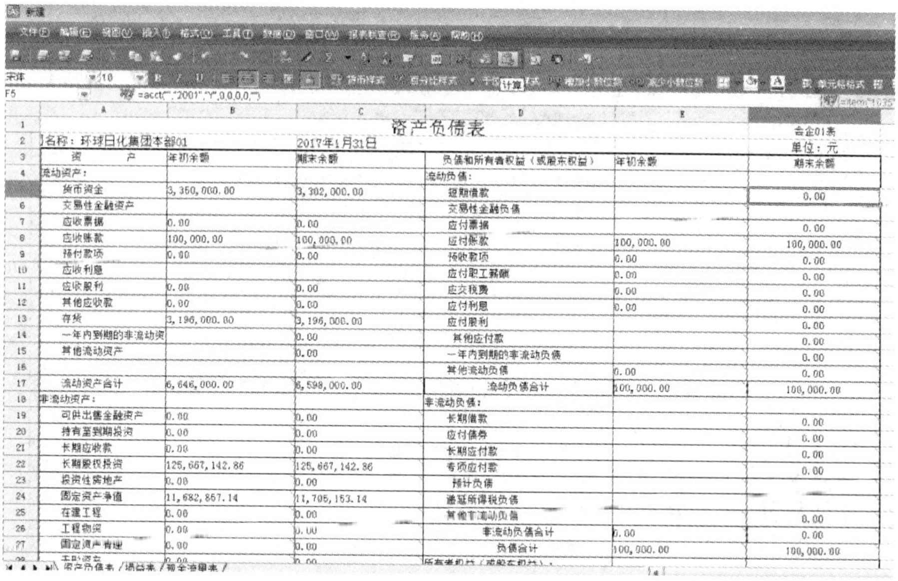

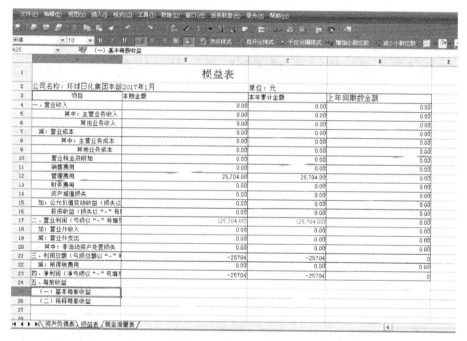

图 11-48　资产负债表

图 11-49　损益表

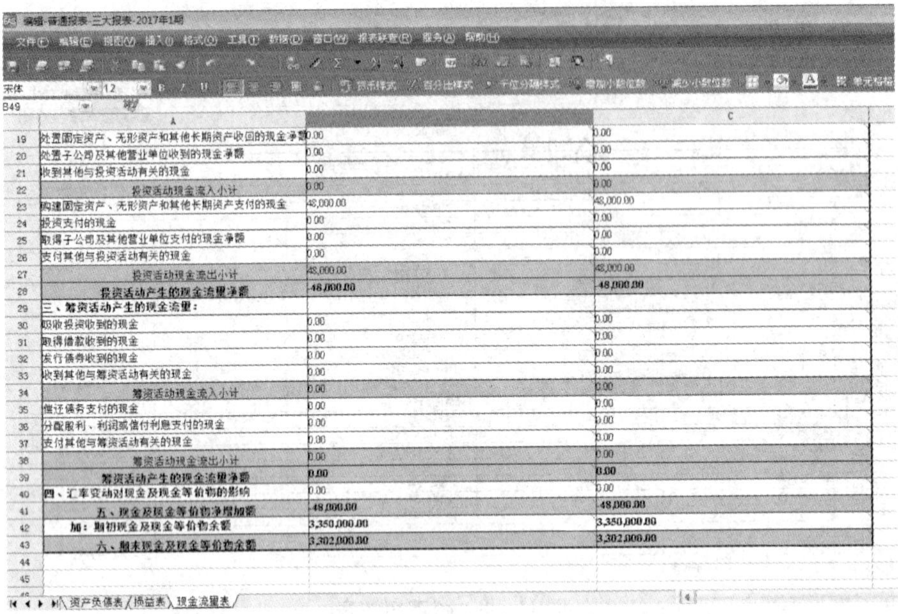

	A	B	C
19	处置固定资产、无形资产和其他长期资产收回的现金净额	0.00	0.00
20	处置子公司及其他营业单位收到的现金净额	0.00	0.00
21	收到其他与投资活动有关的现金	0.00	0.00
22	投资活动现金流入小计	0.00	0.00
23	购建固定资产、无形资产和其他长期资产支付的现金	48,000.00	48,000.00
24	投资支付的现金	0.00	0.00
25	取得子公司及其他营业单位支付的现金净额	0.00	0.00
26	支付其他与投资活动有关的现金	0.00	0.00
27	投资活动现金流出小计	48,000.00	48,000.00
28	投资活动产生的现金流量净额	-48,000.00	-48,000.00
29	三、筹资活动产生的现金流量：		
30	吸收投资收到的现金	0.00	0.00
31	取得借款收到的现金	0.00	0.00
32	发行债券收到的现金	0.00	0.00
33	收到其他与筹资活动有关的现金	0.00	0.00
34	筹资活动现金流入小计	0.00	0.00
35	偿还债务支付的现金	0.00	0.00
36	分配股利、利润或偿付利息支付的现金	0.00	0.00
37	支付其他与筹资活动有关的现金	0.00	0.00
38	筹资活动现金流出小计	0.00	0.00
39	筹资活动产生的现金流量净额	0.00	0.00
40	四、汇率变动对现金及现金等价物的影响	0.00	0.00
41	五、现金及现金等价物净增加额	-48,000.00	-48,000.00
42	加：期初现金及现金等价物余额	3,350,000.00	3,350,000.00
43	六、期末现金及现金等价物余额	3,302,000.00	3,302,000.00
44			
45			

图 11-50　现金流量表

计算完成后，点击工具栏【保存】，如图 11-51 所示。

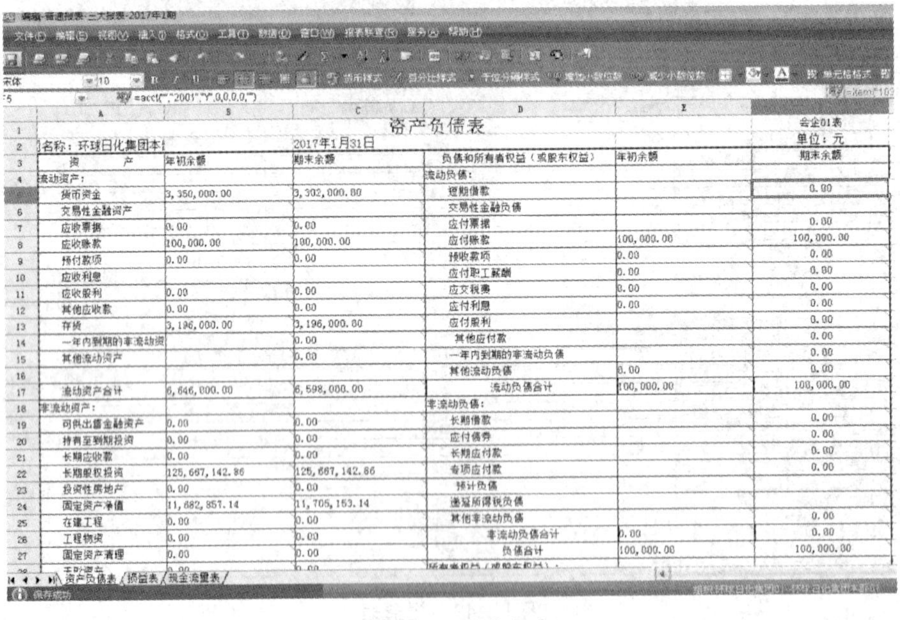

	A	B	C	D	E	F
1			资产负债表			会企01表
2	名称：环球日化集团本		2017年1月31日			单位：元
3	资　　产	年初余额	期末余额	负债和所有者权益（或股东权益）	年初余额	期末余额
4	流动资产：			流动负债：		
5	货币资金	3,350,000.00	3,302,000.00	短期借款		0.00
6	交易性金融资产			交易性金融负债		
7	应收票据	0.00	0.00	应付票据		0.00
8	应收账款	100,000.00	100,000.00	应付账款	100,000.00	100,000.00
9	预付款项	0.00	0.00	预收款项	0.00	0.00
10	应收利息			应付职工薪酬	0.00	0.00
11	应收股利	0.00	0.00	应交税费	0.00	0.00
12	其他应收款	0.00	0.00	应付利息	0.00	0.00
13	存货	3,196,000.00	3,196,000.00	应付股利		0.00
14	一年内到期的非流动资		0.00	其他应付款		0.00
15	其他流动资产		0.00	一年内到期的非流动负债		0.00
16				其他流动负债	0.00	0.00
17	流动资产合计	6,646,000.00	6,598,000.00	流动负债合计	100,000.00	100,000.00
18	非流动资产：			非流动负债：		
19	可供出售金融资产	0.00	0.00	长期借款		0.00
20	持有至到期投资	0.00	0.00	应付债券		0.00
21	长期应收款	0.00	0.00	长期应付款		0.00
22	长期股权投资	125,667,142.86	125,667,142.86	专项应付款		0.00
23	投资性房地产	0.00	0.00	预计负债		
24	固定资产净值	11,682,857.14	11,705,153.14	递延所得税负债		
25	在建工程	0.00	0.00	其他非流动负债		0.00
26	工程物资	0.00	0.00	非流动负债合计	0.00	0.00
27	固定资产清理	0.00	0.00	负债合计	100,000.00	100,000.00

图 11-51　报表保存

打开报表制作页面，点击【新刷】。选择相应报表，点击【审批】，如图 11-52 所示。

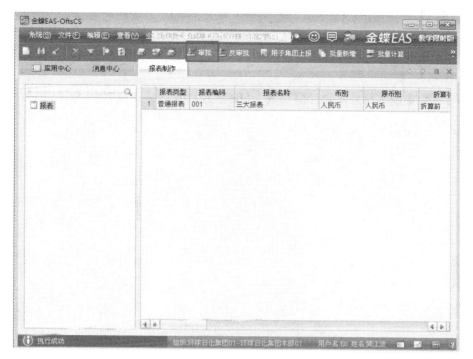

图 11-52　报表审批

三、练习任务

1. 练习一

7 月 20 日，环球洗涤用品深圳有限公司向供应商深圳市元动化工有限公司采购羊毛脂 500 千克，预付 5 万元作为定金。洗涤用品公司出纳赵姗姗（zss+学号）提交预付款单到共享中心审批。

2. 练习二

7 月 16 日，环球日化深圳销售有限公司销售员林莉莉反馈本月工资多发 500 元，林莉莉向环球日化集团对公账户支付 500 元。环球日化深圳销售有限公司出纳张合凯（zhk+学号）收到款项，提交收款单到共享中心审批。

3. 练习三

8 月 14 日，财务共享中心集中结算支付环球日化集团本部向壹基金公益组织的捐款 10 万元。环球日化集团本部出纳陈晓陶（cxt+学号）提交付款单到共享中心审批。

4. 练习四

8 月 20 日，财务共享中心集中结算支付环球日化集团本部上月发生的生产用水电费 1.5 万元。环球日化集团本部出纳陈晓陶（cxt+学号）提交付款单到共享中心审批。

5. 练习五

7 月 30 日，环球日化集团本部没有及时支付银行的贷款利息而被罚利息 1 万元。环球日化集团本部出纳陈晓陶（cxt+学号）提交付款单到共享中心审批。

6. 练习六

8 月 20 日，环球日化深圳销售有限公司因税务问题，被税务局罚款 2 万元。环球日化深圳销售有限公司出纳张合凯（zhk+学号）提交付款单到共享中心审批。

7. 练习七

环球日化深圳销售有限公司总账会计陈军波（cjb+学号）结束 2017 年 1 月的所有业务，生成结转损益凭证并过账。

8. 练习八

环球日化集团本部总账会计樊江波（fjb+学号）新增并计算 2019 年 7 月三大报表。

第四篇
简要业务流程实验篇

第十二章

简要业务流程实验

一、模块概述

本章实验练习为平台上的【实训任务】模块的案例练习。实训任务模块独立于平台其他模块的实验，已内置好企业的组织架构以及案例相关基础资料，练习账号为独立账号。本模块可直接用于各类业务共享流程的学习，也可以在学习前序章节的基础上，抽取本模块的部分练习题，用于本门课程的学习考核。

二、实验练习

实验一：借款单

案例：1月17日，环球日化深圳销售有限公司行政经理田俊祥申请重要客户招待费借款820元，提交财务共享中心审批。

实验步骤：

1. 登录金蝶 EAS 工作平台

如图 12-1 所示，点击题目下方【进入 EAS】或输入金蝶 EAS 平台网址，在登录界面选择数据中心【fts1】，输入用户名为【tjx100】，密码为【空】，点击【登录】按钮。

数据中心名称、用户名及密码请参照"财务共享应用实践平台"中的题目背景，本教材以 tjx100 为例。

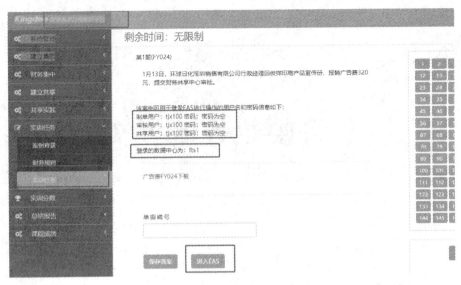

图 12-1　登录金蝶 EAS

2. 切换组织

如图 12-2 所示，进入 EAS 之后，点击右上角【田俊祥 100】，首先确认数据中心、用户账号与题目要求是否一致。然后，将组织【环球日化】切换为【环球日化深圳销售有限公司】，出现【切换组织将使所有页面清空，确认是否继续?】，点击【确定】按钮。

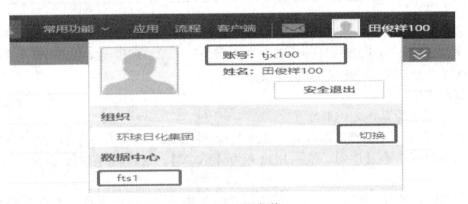

图 12-2　组织切换

3. 填写借款单

如图 12-3 和图 12-4 所示，依次点击【应用】—【财务会计】—【费用管理】—【报销工作台】—【借款】，进入借款单页面。

图 12-3　进入报销工作台

图 12-4　借款单

如图 12-5 所示，进入借款单-新增界面后，根据实验资料录入借款单的具体内容，注意："预计还款日期"为必填字段，填系统当天日期或之后的任意一天。完成后点击【保存】，将借款单编号复制到"财务共享应用实践平台"对应题目的答案保存处，点击【保存答案】，提示"保存成功"后返回 EAS 借款单修改界面，点击【提交】按钮。

图 12-5　借款单保存与提交

4. 业务审批

如图12-6、图12-7所示，执行【流程】—【待办任务】—【常规待办】命令，进行单据内容查看，无误后，点击【审核通过】按钮，并提交。

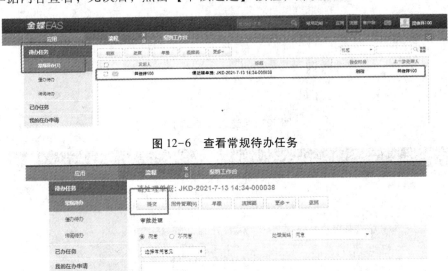

图 12-6　查看常规待办任务

图 12-7　提交业务审批意见

5. 共享任务分配

如图12-8所示，执行【应用】—【财务共享】—【共享任务管理】—【共享任务池】命令。

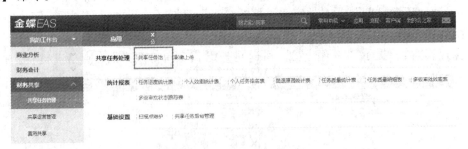

图 12-8　共享任务池

如图12-9所示，进入我的任务界面，点击【待分配】。

图 12-9　待分配

如图 12-10 所示，搜索单号 JKD-2021-7-13 14：34-000038，选中单据，执行【更多】—【分配人员】命令。

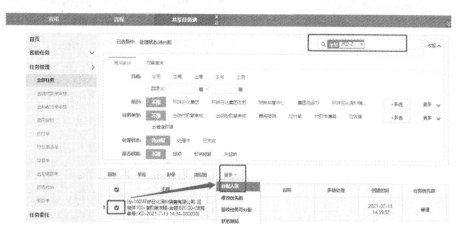

图 12-10　共享任务分配

如图 12-11 所示，搜索【tjx100】，选中【tjx100】，点击【分配】按钮，提示【分配成功】。

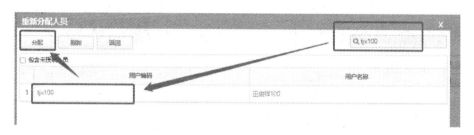

图 12-11　指定分配人员

6. 共享审批

如图 12-12 所示，执行【应用】—【财务共享】—【共享任务管理】—【共享任务池】—【我的任务】—【全部任务】命令。

图 12-12　指定分配人员

如图 12-13 所示，搜索借款单编号，选中已分配的单据并查看。

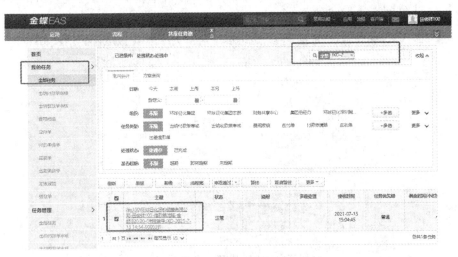

图 12-13　选择需审批的任务

如图 12-14 所示，点击【审批不通过】按钮，填写【处理意见】，点击【提交】，借款单审批流程结束。

图 12-14　共享审批不通过

实验二：费用报销单

案例：1 月 12 日，环球日化深圳销售有限公司行政经理田俊祥报销汽油的交通补贴费 600 元，提交财务共享中心审批。

实验步骤

1. 登录金蝶 EAS 工作平台

点击【进入 EAS】，选择数据中心【fts1】，用户名为【tjx100】，密码为【空】，点击【登录】按钮。

2. 填写费用报销单

如图 12-15 所示，执行【应用】—【财务会计】—【费用管理】—【报销工作台】—【费用报销】命令。

图 12-15　费用报销入口

如图 12-16 所示，进入费用报销单—新增界面，根据实验资料录入费用报销单的具体内容，并添加汽油发票附件（附件中要添加学号及题号后缀以示区分，否则单据名称与共享池中名称重复会上传失败），完成后点击【保存】，将费用报销单编号复制到"财务共享应用实践平台"对应题目的答案保存处，点击【保存答案】，提示"保存成功"后返回单据修改页面点击【提交】按钮。

图 12-16　费用报销申请

3. 业务审批

如图 12-17 所示，执行【流程】—【待办任务】—【常规待办】命令，进行单据内容查看，无误后，点击【审核通过】按钮，并提交。

图 12-17　业务审批

4. 共享分配

如图 12-18 所示，执行【应用】—【财务共享】—【共享任务管理】—【共享任务池】命令，进入共享任务池界面。

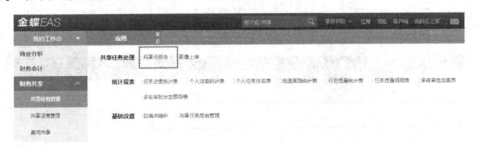

图 12-18　共享任务池

如图 12-19 所示，点击【待分配】。

图 12-19　待分配任务

如图 12-20 所示，搜索单据编号 BXD-2021-7-13 16：10-000039，选中单据，执行【更多】—【分配人员】命令。

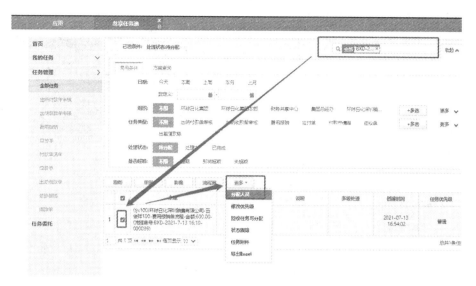

图 12-20　分配任务

如图 12-21 所示，搜索【tjx100】，选中【tjx100】，点击【分配】按钮，提示【分配成功】。

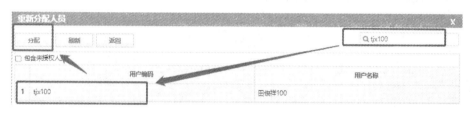

图 12-21　选择分配人员

5. 共享审批

如图 12-22 所示，执行【应用】—【财务共享】—【共享任务管理】—【共享任务池】—【我的任务】—【全部任务】命令。

图 12-22　共享任务池

如图 12-23 所示，搜索单据编号，选中单据并进入查看。

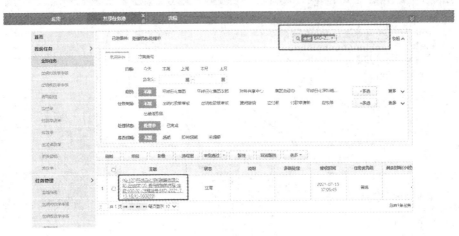

图 12-23　共享任务池

如图 12-24 所示，点击【审批不通过】按钮并填写处理意见，点击【提交】，费用报销审批流程结束。

图 12-24　共享审批不通过

实验三：出差借款

案例：1 月 10 日，行政经理田俊祥申请 1 月 10—11 日出差北京与日化行业协会会长交流的差旅借款，其中深圳—北京的机票为 1 250 元，出租车发票为 180 元，住宿发票为 468 元，北京—深圳的机票为 1 320 元，田俊祥计算这次的出差补助为 100 元，提交财务共享中心审批。

实验步骤：

1. 登录金蝶 EAS 工作平台

点击【进入 EAS】，选择数据中心【fts1】，用户名为【tjx100】，密码为【空】，点击【登录】按钮。

2. 填写出差借款单

如图 12-25 所示，执行【应用】—【财务会计】—【费用管理】—【报销工作台】—【出差借款】命令。

图 12-25　出差借款

如图 12-26 所示，进入出差借款单–新增界面，根据实验资料录入借款单的具体内容，完成后点击【保存】—【提交】按钮。

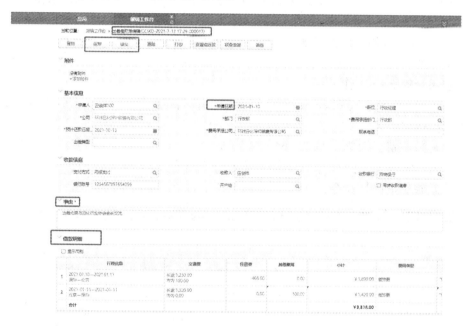

图 12-26　出差借款申请单

3. 业务审批

如图 12-27 所示，执行【流程】—【待办任务】—【常规待办】命令。

图 12-27　业务审批

如图 12-28 所示，选择单据内容查看，进行业务审批，无误后，点击【提交】。

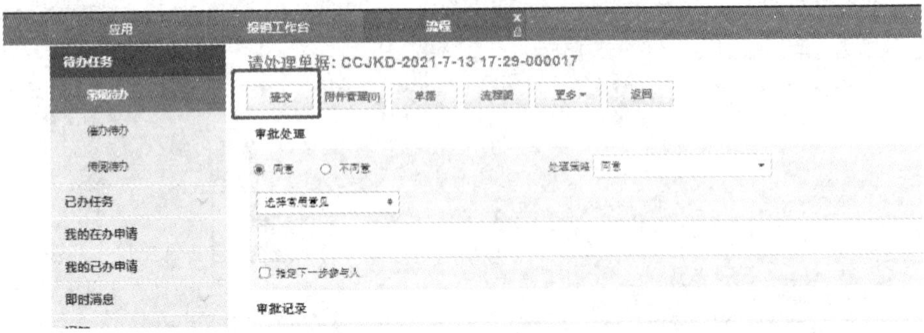

图 12-28　业务审批通过

参照前序业务流程操作步骤，完成后续共享任务分配、共享审批步骤。

实验四：差旅费报销单

案例：1 月 20—21 日，行政经理田俊祥到上海中欧上 EMBA 的课，根据发票报销差旅费，其中深圳—上海的机票为 1 120 元，出租车发票 85 元，住宿发票 620 元，上海—深圳的机票 1 250 元，提交财务共享中心审批。

实验步骤：

1. 登录金蝶 EAS 工作平台

点击【进入 EAS】，选择数据中心【fts1】，用户名为【tjx100】，密码为【空】，点击【登录】按钮。

2. 填写差旅费报销单

如图 12-29 所示，执行【应用】—【财务会计】—【费用管理】—【报销工作台】—【差旅费报销】命令。

图 12-29　差旅费报销

如图 12-30 所示，进入差旅费报销新增界面，根据实验资料录入差旅费报销单的具体内容，并添加附件"机票、出租发票、住宿费发票"，完成后点击【保存】—【提交】按钮。

图 12-30　差旅费报销单

3. 业务审批

如图 12-31 所示，执行【流程】—【待办任务】—【常规待办】命令。

图 12-31　业务审批

如图 12-32 所示，进行单据内容查看，无误后，点击【审核通过】按钮，并提交。

图 12-32　业务审批通过

参照前序业务流程相关操作，完成后续共享任务分配、共享审批步骤。

实验五：应收单

案例：1月5日，环球日化深圳销售公司销售1 000瓶520 ml香熏去屑修护洗发乳给广州天天日用贸易公司，含税单价为56.5元/瓶，税率为13%，销售员田俊祥根据销售发票填写应收单，并提交财务共享中心审批。

实验步骤：

1. 应收单的录入与提交

如图12-33所示，执行【应用】—【财务会计】—【应收管理】—【应收单新增】。

图12-32　新增应收单

如图12-33所示，根据案例背景填写单据后，上传相应附件，点击【保存】，将应收单编号复制、粘贴到对应题目答案保存处，提示答案保存成功后，返回提交应收单。

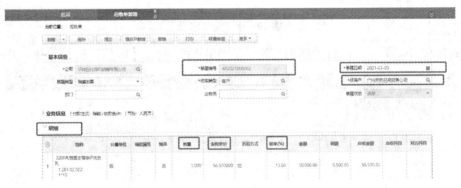

图12-33　应收单录入

2. 应收单业务审批

如图12-34所示，执行【流程】—【待办任务】，作为业务经理审批单据。

图 12-34　待办单据

如图 12-35 所示，打开单据后核对信息，点击提交，完成审批。

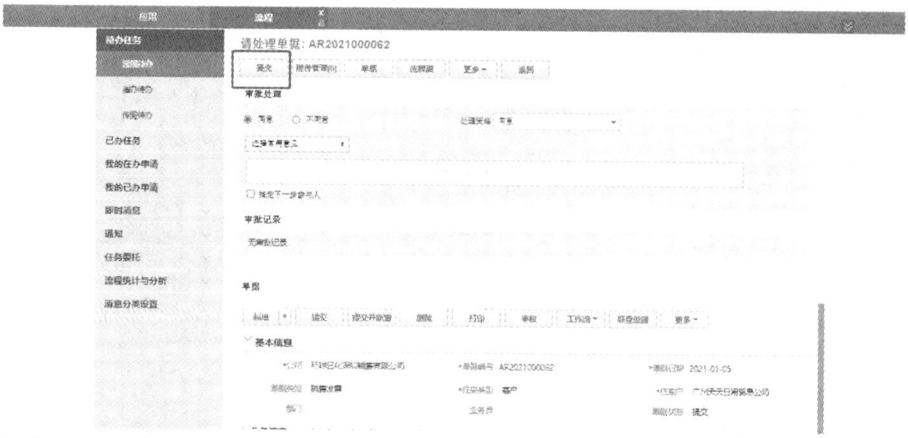

图 12-35　单据审批

参照前序业务流程相关操作，完成后续应收单共享任务分配步骤，根据财务规则判定是否审批通过，并填写决策项、处理意见，填写完成后点击提交，完成共享审批。

实验六：收款单

案例：1 月 10 日，财务共享中心收到广州天天日用贸易公司的预付款 117 000 元，应收会计根据银行回单填写收款单的结算方式为商业汇票，并提交财务共享中心审批。

1. 收款单录入与提交

如图 12-36 所示，执行【应用】—【财务共享】—【出纳共享】—【收款单新增】命令。

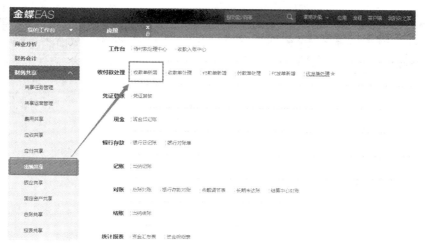

图 12-36　收款单新增

如图 12-37 所示，根据案例背景录入收款单信息，上传银行回单附件，点击【保存】，将收款单单据编号复制、粘贴到应用实践平台答案保存处，提示答案保存成功后，返回提交收款单。

图 12-37　收款单填写

参照前序业务流程相关操作，完成后续收款单共享任务分配步骤，根据财务规则判定是否审批通过，并填写决策项、处理意见，填写完成后点击提交，完成共享审批。

实验七：应收收款结算

案例：1月8日，环球深圳销售公司销售880瓶520 ml香薰去屑修护洗发乳给广州佳丽批发公司，含税单价为56.5元/瓶，税率为13%。销售员田俊祥根据销售发票填写应收单；1月15日，共享中心收到广州佳丽批发公司网银支付货款的银行回单，应收会计进行应收账款结算。

1. 收款单收款结算

如图 12-38 所示，执行【应用】—【财务会计】—【应收管理】—【应收单新增】命令。

图 12-38　应收单新增

如图 12-39 所示，根据案例背景填写应收单，上传相应发票、合同附件，点击【保存】，将应收单单据编号复制、粘贴到应用实践平台答案保存处，提示答案保存成功后，返回提交应收单。

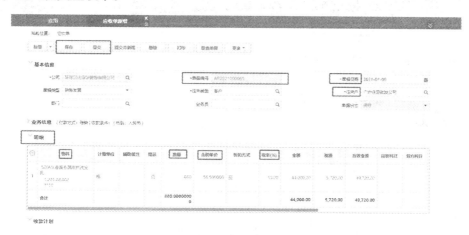

图 12-39　应收单填写

2. 应收单业务审批

如图 12-40 所示，执行【流程】—【待办任务】—【常规待办】命令，选中待审批单据。

图 12-40　应收单审批

如图 12-41 所示，点击查看单据，确认无误后，点击【提交】。

图 12-41　应收单审批提交

参照前序业务流程相关操作，完成后续应收单共享任务分配步骤，根据财务规则判定是否审批通过，并填写决策项、处理意见，填写完成后点击提交，完成共享审批。

3. 应收单关联生成收款单

如图 12-42 所示，执行【财务共享】—【应收共享】—【应收单维护】命令。

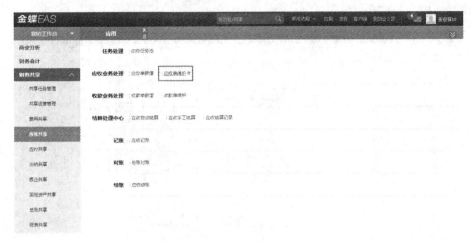

图 12-42　应收单维护

如图 12-43 所示，搜索单据编号，点击【展开】，定义日期区间起始日期为 2021-01-01，选中经过共享审批的应收单，点击【关联生成】。

图 12-43　关联生成

如图 12-44 所示，选择转换规则为"应收单生成收款单"，点击【确定】，系统会根据转换规则生成收款单，选择收款类型为"销售回款"。点击"切换界面"。

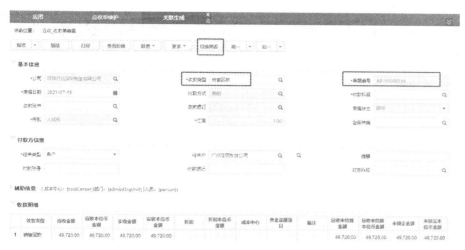

图 12-44 应收单转换为收款单

如图 12-45 所示，点击【切换界面】后，系统会自动跳转到"收款单"修改界面，在该界面根据案例背景修改业务日期、补充收款账户、结算方式等信息。点击【保存】、提交。

图 12-45 收款单处理

参照前序业务流程相关操作，完成后续收款单共享任务分配步骤，根据财务规则判定是否审批通过，并填写决策项、处理意见，填写完成后点击提交，完成共享审批。

4. 收款单收款结算

如图 12-46 所示，执行【应用】—【财务共享】—【出纳共享】—【收款单处理】。

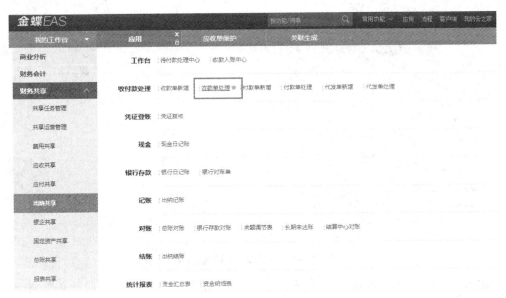

图 12-46 收款单处理

如图 12-47 所示，搜索经过共享审批的收款单编号，点击【展开】，定义日期区间起始日期为 2021-01-01，选中单据。

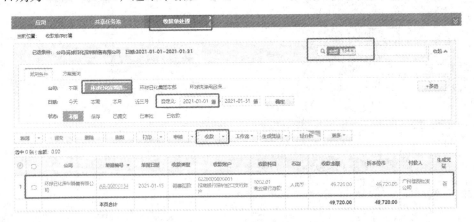

图 12-47 选择收款单

如图 12-48 所示，点击【收款】，系统会自动生成收款结算记录。

图 12-48　收款

实验八：应付单

资料：1月3日，环球洗涤用品深圳有限公司购买广州市科萨商贸有限公司的花之语香精1 000千克，含税单价为101.7元/千克，税率为13%，田俊祥根据采购发票确认应付款，提交财务共享中心审批。

实验步骤：

1. 登录金蝶 EAS 工作平台

点击【进入 EAS】，选择数据中心【fts1】，用户名为【tjx100】，密码为【空】，点击【登录】按钮。切换组织为"环球洗涤用品深圳有限公司"。

2. 应付单录入

如图 12-48，执行【应用】—【财务会计】—【应付管理】—【应付单新增】命令。

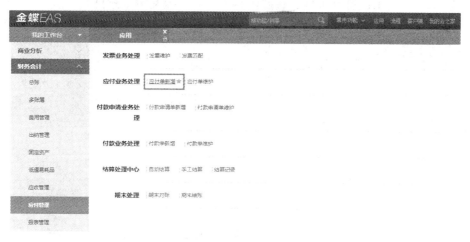

图 12-48　应付单新增

进入应付单新增界面，根据实验资料录入应付单的具体内容，并添加附件【采购合同、采购发票】。完成后点击【保存】，将单据编号复制、粘贴到应用实践平台答案保存处，提示答案保存成功后，返回点击【提交】，如图 12-49 所示。

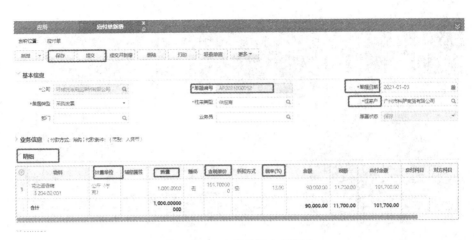

图 12-49　应付单录入并提交

3. 业务审批

如图 12-50 所示，执行【流程】—【待办任务】—【常规待办】命令。

图 12-50　业务审批

如图 12-51 所示，打开单据，查看内容无误后，提交审批意见。

图 12-51　业务审批通过

参照前序业务流程相关操作，完成后续应付单共享任务分配步骤，根据财务规则判定是否审批通过，并填写决策项、处理意见，填写完成后点击提交，完成共享审批。

实验九：付款单

案例：1 月 9 日，环球洗涤用品深圳有限公司网银支付深圳市元动化工有限公司的预付款 10 000 元，应付会计根据采购合同填写预付款单，提交财务共享中心审批。

实验步骤：

1. 登录金蝶 EAS 工作平台

点击【进入 EAS】，选择数据中心【fts1】，用户名为【tjx100】，密码为【空】，点击【登录】按钮。

2. 付款单录入

如图 12-52 所示，执行【应用】—【财务共享】—【应付共享】—【付款单新增】命令。

图 12-52　付款单新增

如图 12-53 所示，根据实验资料录入付款单的具体内容，并添加附件【采购合同】。完成后点击【保存】，将单据编号复制、粘贴到应用实践平台答案保存处，提示答案保存成功后，返回提交。

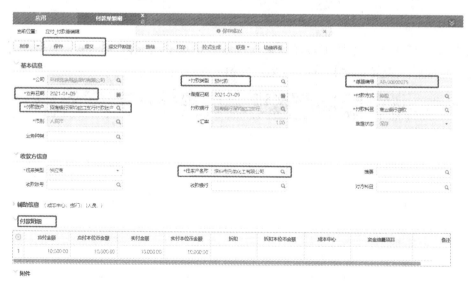

图 12-53　付款单录入

参照前序业务流程相关操作，完成后续付款单共享任务分配步骤，根据财务规则判定是否审批通过，并填写决策项、处理意见，填写完成后点击提交，完成共享审批。

实验十：付款申请单

案例：1 月 10 日，环球洗涤用品深圳有限公司申请下月 5 日支付广州市科萨商贸有限公司的预付款 20 000 元，应付会计根据采购合同填写付款单申请单，提交财务共享中心审批。

实验步骤：

1. 登录金蝶 EAS 工作平台

点击【进入 EAS】，选择数据中心【fts1】，用户名为【tjx100】，密码为【空】，点击【登录】按钮。

2. 付款申请单录入

如图 12-54 所示，执行【应用】—【财务共享】—【应付共享】—【付款申请单新增】命令。

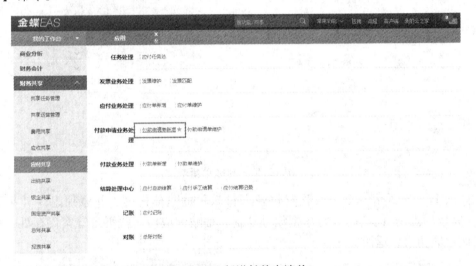

图 12-54 新增付款申请单

如图 12-55 所示，根据实验资料录入付款申请单的具体内容，并添加附件【采购合同】。完成后点击【保存】—【提交】按钮。

图 12-55 付款申请单录入

参照前序业务流程相关操作，完成后续付款申请单共享任务分配步骤，根据财务规则判定是否审批通过，并填写决策项、处理意见，填写完成后点击提交，完成共享审批。

实验十一：应付款结算

案例：1月3日，环球洗涤用品深圳有限公司向广州市科萨商贸有限公司采购花之语香精2 000千克，含税单价为117元/千克，税率为17%，田俊祥根据采购发票填写应付单；1月20日，网银支付该笔业务的全部货款，应付会计进行应付账款结算。

实验步骤：

1. 登录金蝶EAS工作平台

点击【进入EAS】，选择数据中心【fts1】，用户名为【tjx100】，密码为【空】，点击【登录】按钮。

2. 填写应付单

如图12-56所示，执行【应用】—【财务会计】—【应付管理】—【应付单新增】命令。如图12-56所示，进入应付单新增界面，根据实验资料录入应付单的具体内容，并添加采购合同、采购发票附件。完成后点击【保存】—【提交】按钮。

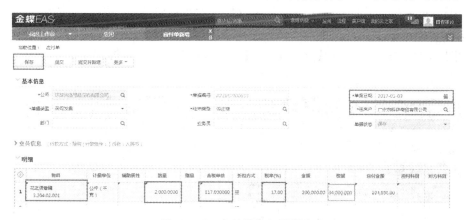

图 12-56　应付单录入并提交

3. 业务审批

如图12-57所示，执行【流程】—【待办任务】—【常规待办】命令，选择单据。

图 12-57　业务审批

如图 12-58 所示，查看单据内容无误后，点击【审核通过】按钮，并提交。

图 12-58　业务审批通过

参照前序业务流程相关操作，完成后续应付单共享任务分配步骤，根据财务规则判定是否审批通过，并填写决策项、处理意见，填写完成后点击提交，完成共享审批。

4. 应付单关联生成付款单

如图 12-59 所示，执行【应用】—【财务共享】—【应付共享】—【应付单维护】命令。

图 12-59　应付单维护

如图 12-60 所示，进入应付单维护界面，筛选出单据号为 AP2017000033 的单据，选中并点击【关联生成】。

图 12-60　选择应付单

如图 12-61 所示，进入关联生成界面，选择转换规则为【应付单生成付款单】，并点击【确定】，系统会根据转换规则生成付款单。点击"切换界面"，对付款单相关信息进行修改和补充。完成之后执行【保存】—【提交】命令，完成付款单生成。

图 12-61　付款单维护

参照前序业务流程相关操作，完成后续付款单共享任务分配步骤，根据财务规则判定是否审批通过，并填写决策项、处理意见，填写完成后点击提交，完成共享审批。

5. 付款单结算

如图 12-62 所示，执行【应用】—【财务共享】—【出纳共享】—【付款单处理】命令。

图 12-62　付款单处理

如图 12-63 所示，进入付款单处理界面，筛选出单号为 AP0000025 的单据。

图 12-63　选择付款单

并点击【付款】按钮，如图 12-64 所示，系统提示【全部付款成功】，付款单结算完成。

图 12-64 付款单付款

实验十二：固定资产新增

案例：1 月 10 日，环球洗涤用品深圳有限公司计划部服务器一台，原价为 5 000 元，田俊祥填写固定资产卡片。

实验步骤：

1. 固定资产卡片录入

如图 12-65 至图 12-70 所示，在【财务共享】—【固定资产新增】录入实物信息、录入原值与折旧、录入科目及分摊、录入使用部门，保存并提交卡片。

图 12-65 固定资产新增

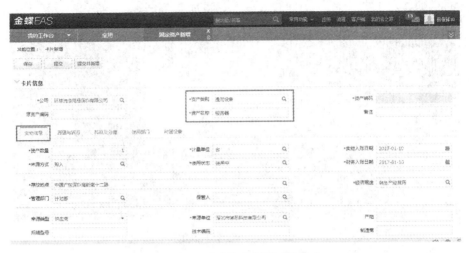

图 12-66　固定资产新增实物信息

图 12-67　固定资产原值与折旧信息

图 12-68　固定资产科目及分摊信息

图 12-69　固定资产使用部门信息

图 12-70　固定资产新增信息保存与提交

2. 固定资产卡片审核

如图 12-71 所示，选择【财务共享】—【固定资产查询】。

图 12-71　固定资产查询

如图 12-72 所示，选择卡片进行审核（若卡片内容不符合财务规范，则不进行审核）。

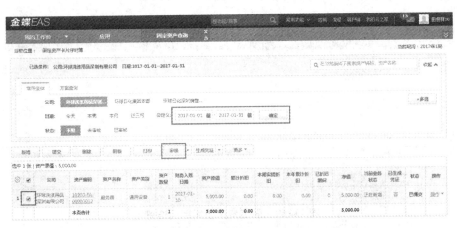

图 12-72　固定资产单据审核

实验十三：固定资产清理单

案例：1月7日，环球洗涤用品深圳有限公司生产部购入洗涤剂加工设备一台，原值为12 000元，田俊祥填写固定资产卡片，1月31日该资产报废进行清理，出售残料收入2 000元。

实验步骤：

1. 固定资产清理单新增

参照前序案例相关步骤，完成该案例固定资产卡片录入、固定资产卡片审核。如图12-73所示，完成后，选择【财务共享】—【固定资产共享】—【固定资产清理】。

图 12-73　固定资产清理

如图12-74所示，点击新增清理单。

图 12-74　新增固定资产清理单

如图 12-75 所示，选择固定资产卡片。

图 12-75　新增固定资产清理单

如图 12-76 所示，根据案例维护清理单信息，保存并提交清理单。

图 12-76　固定资产清理单

2. 固定资产清理单审核

如图 12-77 所示，选择固定资产清理单进行审核（如果不符合审核规则，则不审核）。

图 12-77　固定资产清理单审核

实验十四：固定资产变更单

案例：1月8日，环球洗涤用品深圳有限公司生产部购入洗涤用品合成机一台，原值9 000元，田俊祥填写固定资产卡片，1月31日该资产原值变更为8 000元。

实验步骤：

1. 固定资产变更单新增

参照前序案例相关步骤，完成该案例固定资产卡片录入、固定资产卡片审核。如图12-78所示，完成后，选择【财务共享】—【固定资产共享】—【固定资产变更】。

图12-78 固定资产变更

如图12-79所示，新增固定资产变更单。

图12-79 新增固定资产

如图12-80所示，选择固定资产卡片。

图12-80 选择固定资产卡片

如图12-81所示，根据案例维护变更单信息，保存、提交固定资产变更单。

图 12-81　新增固定资产变更单

2. 固定资产变更单审核

如图 12-82 所示，选择固定资产变更单进行审核（如果不符合审核规则，则不审核）。

图 12-82　提交固定资产变更审核

实验十五：固定资产调拨

案例：1 月 5 日，环球洗涤用品深圳有限公司计划部购入笔记本电脑一台，原值为 5 000 元，田俊祥填写固定资产卡片，1 月 31 日该资产调出到销售公司，由销售公司潘焱负责。

实验步骤：

1. 固定资产调拨单新增

参照前序案例相关步骤，完成该案例固定资产卡片录入、固定资产卡片审核。如图 12-83 所示，完成后，选择【财务共享】—【固定资产共享】—【固定资产调拨】。

图 12-83　固定资产调拨

如图 12-84 所示，新增固定资产调拨单。

图 12-84　固定资产调拨单新增

如图 12-85 所示，选择固定资产卡片。

图 12-85　选择固定资产卡片

如图 12-86 所示，根据案例信息维护调拨单。

图 12-86　新增固定资产调拨单

如图 12-87 所示，保存、提交固定资产调拨单。

图 12-87　保存、提交新增固定资产调拨单

2. 固定资产调拨单审核

如图 12-88 所示，选择固定资产调拨单进行审核（如果不符合审核规则，则不审核）。

图 12-88　审核固定资产调拨单

第十二章　简要业务流程实验

实验十六：收款业务

资料：1 月 18 日，共享中心集中结算收到的广州佳佳洗涤用品贸易公司的包装物租金为 20 000 元，出纳田俊祥进行收款处理并生成凭证，将生成的凭证指定现金流量并复核，会计进行凭证的审核。

实验步骤：

1. 登录金蝶 EAS 工作平台

点击【进入 EAS】，选择数据中心【fts1】，用户名为【tjx100】，密码为【空】，点击【登录】按钮。

2. 收款单录入

如图 12-89 所示，执行【应用】—【财务共享】—【出纳共享】—【收款单新增】指令。

图 12-89　收款单新增

如图 12-90 所示，进入收款单新增界面，根据资料录入信息，并添加【银行回单】附件，完成之后点击【保存】—【提交】按钮。

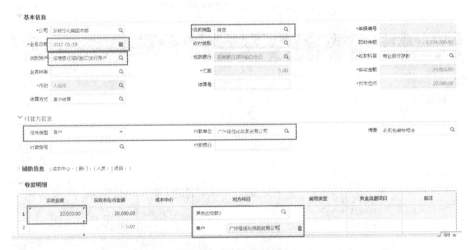

图 12-90　收款单录入

参照前序业务流程相关操作，完成后续收款单共享任务分配步骤，根据财务规则判定是否审批通过，并填写决策项、处理意见，填写完成后点击提交，完成共享审批。

3. 收款单生成凭证

如图 12-91 所示，执行【应用】—【财务共享】—【出纳共享】—【收款单处理】命令，进入收款单序时簿界面，筛选出单号为 AR00000043 的单据。

图 12-91　收款单序时簿

如图 12-92 所示，选中单据，点击【收款】按钮。

图 12-92　收款完成

如图 12-93 所示，收款完成后，点击【生成凭证】按钮，凭证自动生成，进入凭证查看界面。

第十二章　简要业务流程实验

图 12-93　凭证生成

4. 指定现金流量

如图 12-94 所示，在凭证查看界面，点击【现金流量】按钮，进入现金流量界面并填写主表项目，完成后点击【确定】。

图 12-94　指定现金流量

5. 凭证复核与审核

如图 12-95 所示，执行【应用】—【财务共享】—【总账共享】—【凭证查询】命令。

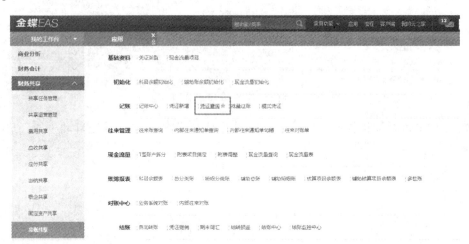

图 12-95　凭证查询

如图 12-96 所示，进入凭证查询界面，筛选出生成的记账凭证 0026 号。

图 12-96　凭证查询

如图 12-97，点击【更多】进行复核。

图 12-97　凭证复核

如图 12-98 所示，复核完成后，点击【审核】，系统进行审核。

图 12-98　凭证审核

实验十七：付款业务

资料：1月5日，共享中心集中结算支付给深圳市元动化工有限公司的经营租入的厂房租金 20 000 元，出纳田俊祥进行付款处理并生成凭证，将生成的凭证指定现金流量并复核，会计进行凭证的审核。

实验步骤：

1. 登录金蝶 EAS 工作平台

点击【进入 EAS】，选择数据中心【fts1】，用户名为【tjx100】，密码为【空】，点击【登录】按钮。

2. 付款单录入

如图 12-99 所示，执行【应用】—【财务共享】—【出纳共享】—【付款单新增】指令。

图 12-99　付款单新增

如图 12-100，进入付款单-新增界面，根据资料录入信息，并添加【银行回单】附件，完成之后点击【保存】—【提交】按钮。

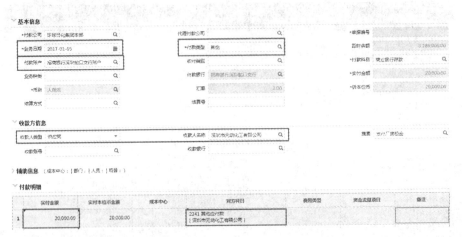

图 12-100　付款单录入

参照前序业务流程相关操作，完成后续付款单共享任务分配步骤，根据财务规则判定是否审批通过，并填写决策项、处理意见，填写完成后点击提交，完成共享审批。

3. 付款单生成凭证

如图 12-101 所示，执行【应用】—【财务共享】—【出纳共享】—【付款单处理】命令。

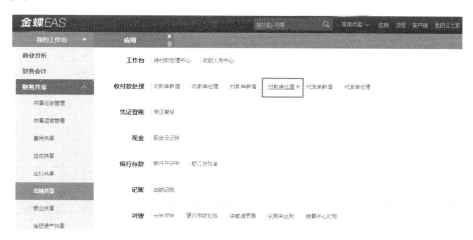

图 12-101　付款单处理

如图 12-102 所示，进入付款单序时簿界面，筛选出单号为 AR00000026 的单据，选中单据，点击【付款】按钮。

图 12-102　付款成功

如图 12-103 所示，付款完成后，点击【生成凭证】按钮。

图 12-103　生成凭证

如图 12-104 所示，凭证自动生成，进入凭证查看界面。

图 12-104　凭证查看

4. 指定现金流量

在凭证查看界面，点击【现金流量】按钮，进入现金流量界面并填写主表项目，如图 12-105 所示，完成后点击【确定】，指定现金流量完成。

图 12-105　指定现金流量

5. 凭证复核与审核

如图 12-106 所示，执行【应用】—【财务共享】—【总账共享】—【凭证查询】命令，进入凭证查询界面，筛选出生成的记账凭证 0027 号。

图 12-106　凭证查询

点击【更多】进行复核，如图 12-107 所示。

图 12-107　凭证复核

复核完成后，点击【审核】，系统自动审核，如图 12-108。

图 12-108　凭证审核

参考文献

［1］陈虎，董皓. 财务共享服务［M］. 中国财政经济出版社，2009.

［2］陈翼."大智移云"时代财务共享服务中心绩效评价体系研究［J］. 会计之友，2018（16）：6.

［3］刘梅玲，黄虎，佟成生，等. 智能财务的基本框架与建设思路研究［J］. 会计研究，2020（3）：18.

［4］刘明朝，杜洋. 财务共享服务中心建设现状与瓶颈突破：以D公司为例［J］. 财会月刊，2019（S01）：4.

［5］］彭兰雅. 智能财务共享服务中心的功能评价与实现路径研究［D］. 重庆：重庆理工大学，2021.

［6］佘永亮. 基于业财融合视角的智能财务框架设计［J］. 财务与会计，2022（8）：67-69.

［7］张瑞君，陈虎，胡耀光，常艳. 财务共享服务模式研究及实践［J］. 管理案例研究与评论，2008（3）：9.

［8］张瑞君，强永翼. 构建财务共享服务模式的策略［J］. 财务与会计，2008（7）：2.

［9］张敏. 中兴通讯财务共享模式研究［J］. 财会通讯，2018（2）：4.

［10］金蝶软件中国有限公司. 金蝶ERP-K/3标准财务培训教程［M］. 北京：人民邮电出版社，2014.

［11］韩庆兰，程晓娟. 会计信息系统［M］. 北京人民邮电出版社，2016.

［12］南京大学智能财务研究课题组. 智能财务教程［M］. 南京：南京大学出版社，2019.

［13］骆秋光，宁月峰. 财经法规与会计职业道德［M］. 重庆：重庆大学出版社，2017.

［14］王晓燕，张秀梅，高东芳，刘学青. 会计学［M］. 北京：人民邮电出版社，2015.

［15］陈澎，高欣. 会计学基础［M］. 南京：南京大学出版社，2019.

［16］杨幼珠，郭彦. 初级会计学［M］. 南京：南京大学出版社，2019.

［17］李霞，喻均林，李梦佳，等. 基础会计学［M］. 南昌：江西高校出版社，2018.

［18］蒋乐平，刘卫红. 会计学原理［M］. 南京：南京大学出版社，2019.

［19］张甫香. 会计学实用教程［M］. 南京：南京大学出版社，2021.

［20］郑春晓，盛洁. 财会商圈实训指导［M］. 南京：南京大学出版社，2019.

［21］王健华，程小琴. 企业财务管理案例评析［M］. 银川：宁夏人民教育出版社，2017.

［22］刘小刚，侯文杰，仇艳，等. 会计电算化原理与实训［M］. 重庆：重庆大学出版社，2015.

参考文献